一生働いても貯められない1億円を すごい小型株に投資してつくる本

坂本彰
Akira Sakamoto

CROSSMEDIA PUBLISHING

はじめに

国税庁の民間給与実態調査によると、２０１9年の日本人の平均給料は約４３６万円でした。20年前の１９９9年は４６１万円でしたから、この間、私たちの給料は増えるどころか減っていることがわかります。

日本は長くデフレが続いているので、給料が増えなくても最低限の生活をおくることは可能です。しかしこんな状態が続けば、貯金もできないし、将来お金に困ることになるかもしれない、と不安に感じる人も多いのではないでしょうか。

かく言う私も、サラリーマン時代は給料が安く、年収３００万円を超えたことはありませんでした。

私はいわゆる就職氷河期世代であり、若い頃就職するのに大変苦労しました。１００社以上受けましたが1社も受からず、落ち込む毎日。最終面接に残った会社もありましたが、結局内定を得られず、何度も一からやり直していました。

それでも何とか就職して、2つの会社で合計6年半、サラリーマンとして働きました。しかし、給料が安い割に労働時間は長く、毎日深夜までサービス残業をしていました。

今なら会社に待遇改善を求めたかもしれませんが、当時は〝ブラック〟な職場環境が当たり前でしたから、我慢するしかありませんでした。

このままでは、お金もないし、一生結婚できないかもしれない……。私は劣悪な環境を自力で抜け出すと決意し、複数の副業にチャレンジしました。そのほとんどはうまくいかず途中で挫折しましたが、唯一成果が出たのが株式投資でした。

一番初めに購入したのは、ブリヂストン(5108)でした。2000年の12月、なけなしの貯金を取り崩して、初めて投資をしました。**当時、11万円ぐらいで買った覚えがあります。**

結果は、プラス1万円！　初めての投資でしたので、利益が出た時点ですぐに売ってしまいましたが、1万円という私にとっては大金が簡単に手に入ったことに感動を覚えました。

その後私は株式投資にのめり込み、2015年には資産が5000万円を突破。会社を辞めて投資一本で生きる決意をしました。そして、**2017年には投資で1億円を超える資産を築くことができました。**

株価が10倍に成長する、いわゆる**テンバガーもこれまでに3つ達成しています。**

なかでも一番の成果が、**アイ・アールジャパンホールディングス(6035)**です。

この銘柄は2016年に購入しました。購入時の株価は350円ほどでしたが、その後株価は急騰。2021年に株価は1万8500円まで上がり、**投資してから5年で株価は50倍に成長しました。**

同社は、企業のIRおよびSR(株主情報)のコンサルの会社で、設立は2015年。上場企業と個人投資家を繋ぐマッチングサービスを事業の柱の一つとしています。

2010年代に入り、NISA(14年導入)、iDeCo(17年大幅改正)と、個人投資家を株式市場に参入させるための大きな施策が予定されていたため、同社のマッチングサービスは需要が拡大するだろうと見て、投資をしました。

予想は的中。**元手18万円が900万円に大化けし、**想像をはるかに超える利益となりました。

このアイ・アールジャパンホールディングスの例でわかるように、**時代の流れに合わせて登場する新興の企業、つまり「小型成長株」にタイミングよく投資すると、その後の株価の大幅な上昇をキャッチすることができます。**

小型成長株の株価の上がり始めをとらえれば、元手資金をどんどん大きく育てていくことができるでしょう。

そして、投資資金が大きくなればなるほど、1回の投資で得られるリターン(売却益)は増大します。

その結果、2020年末時点の私の株式資産は1・3億円に成長しました。株価は日々変動しますので、つねにこの水準を維持しているわけではありませんが、**サラリーマンを続けていたら、定年まで働いてもこの資産額に到達することは不可能だったでしょう。**

もし、当時の私が今の自分に出会うことができたら、まったく違う人生を歩んでいることに感動したはずです。

今はなにかと不安の多い時代です。

様々なリスクや危機に立ち向かうための武器が必要です。

私は皆さんに株式投資、なかでも小型株投資という切れ味の鋭い武器を、本書を通して配るつもりです。ぜひ身につけてもらえたら嬉しいです。

坂本彰

一生働いても貯められない1億円をすごい小型株に投資してつくる本

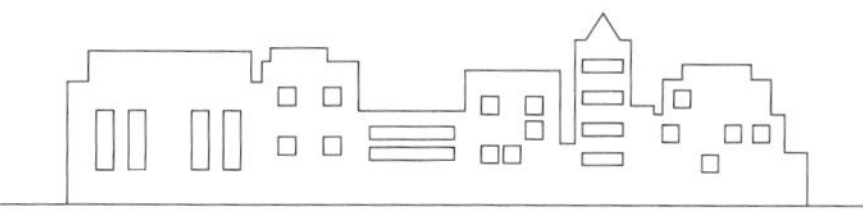

Chapter01

1章 小さく始めて大きく増やす極意

2章
次の大化け小型株は「次世代産業」から誕生する

3章 次の大化け小型株はこの「政策テーマ」から誕生する

Chapter03

4章 株価が上がる前兆の捉え方

5章

Chapter05

失敗するときは だいたいこのパターン

6章 リスクを最小限にして確実に勝つ方法

Chapter06

1章

Chapter01

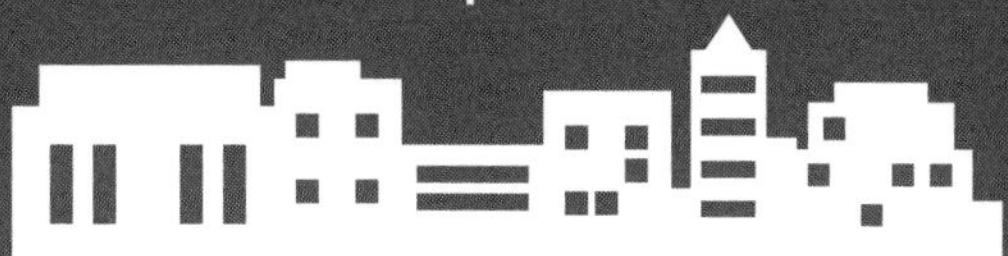

小さく始めて
大きく増やす極意

株価50倍！ 18万円が900万円に膨らむ

「はじめに」で紹介したアイ・アールジャパンホールディングス（6035）は、5年で株価が50倍に成長しました。いわゆる「**10倍株＝テンバガー**」になったわけです。

同社が成長したのは、2014年から始まったNISA制度と、2017年に制度が大幅改正されたiDeCo（個人型確定拠出年金）の広まりにあります。

日本証券業協会によりますと、NISAの口座開設数は、制度開始直後の約320万口座から、2020年6月末時点で860万口座に増えています（一般のNISAが727万口座、つみたて型NISAが133万口座）。

さらに、NISAを始めた人の投資経験を調べたデータによると、一般NISAの投資未経験者の割合は制度開始時（14年3月）は10・8％でしたが、16年6月には25％と増加、20年6月末は41・2％まで増加しています。

つまり、**これまで投資とは無縁だった人たちが、NISAを通じて次々に投資を経験していることがわかります。**

彼らは上場企業を調べる際に、アイ・アールジャパンホールディングスのサービスを利用するため、同社のニーズは増加し、それに伴い株価も上がったわけです。

私はＮＩＳＡやiDeCoの利用が増えることで伸びる会社を探し、同社にたどり着きました。

下の画像は、２０１８年８月29日に同社が株式分割を実施したときのものです。株式分割とは、１株を２株とか３株に分けることです。２株に分割すると株数は２倍になりますが、株価も半分になります。

分割前の株はすでに売却したため、今は分割後の株式しか持っていません。平均単価３６１円で買った同社の株は、３年後には株価10倍に成長。そして２０２１年に株価は１万８５００円になり、購入時の50倍になったのです。

3年で株価10倍＝テンバガーになったのは、かなりのスピード出世でしょう。ちなみに、テンバガーは投資家ピーター・リンチ

361円だった株価が18500円に!

銘柄(コード)	買付日▲	数量	参考単価	取得単価	現在値
6035 IRJapan HD 決算	18/08/29	500	380.5	361	18,500

一度は取ってみたい50倍株！　アイ・アールジャパンホールディングスで獲得！

氏が名づけたといわれています。野球用語でバガーは塁打を意味し、ホームランやホームランバッターのことを4バガーと呼ぶそうです。まさにテンバガーは、ホームランを打ったときのような気持ちのよさがあります。

「かつや」の含み益が1400万円に！

私はアイ・アールジャパンホールディングスを含め、これまでに3つのテンバガーを獲得しました。

他の2つの銘柄も紹介しましょう。まずは**東映アニメーション**（4816）です。同社は、東映系のアニメや映像制作会社で、近年は版権ビジネスやスマホゲーム事業が伸びています。私は企業を分析する際は、真っ先に業績を確認します。そして、同社の業績を見たときは少し驚きました。

それは業績予想が異常に控えめだったからです。企業は一般的に前年よりも売上高、利益が増える方向で予想を立てます。景気の悪化などにより減益予想を出す年もありますが、例外的です。東映アニメーションの場合、なぜか毎年利益が大きく減少する予想を出していたのです。

しかし、蓋を開けて見ると、同社は予想を上回る実績を記録！　私は同社が想定する以上の成長をしていると見て、投資しました。

同社には2012年に600株、18年に400株投資しました。このうち12年に投資した際の平均購入株価は598円で、現在の株価は8090円です。株価は13倍以上に成長しました。

もう1本のテンバガーは、**アークランドサービスホールディングス（3085）**です。同社はとんかつ専門店「かつや」を全国展開しており、他にも複数の飲食店ブランドを持っています。

「かつ丼屋がそんなに成長する？」と思うかもしれませんが、こちらも平均購入株価1164円から大きく株価は伸び、現在2161円に。株価は13倍に成長しています。

保有株数は7000株と多いことから、**含み益ではありますが利益は1400万円近くあります。**

この2社については後ほど改めて注目したポイントについて解説しますが、私はこのように株価が大きく成長する企業には共通点があると考えています。それは以下の4つに分類されます。

- **小型株である**
- **独自のビジネスモデルを持っている**
- **時流に乗っている**
- **利益が伸びている**

ではそれぞれ解説していきます。

小型成長株を長期保有する

前述した3社に共通しているのが、「**小型成長株**」**を長期保有したこと**です。

小型株とは、会社の規模が小さい銘柄のことを言います。東証1部銘柄では、時価総額と流動性が高い上位100社を大型株、400位までを中型株、それ以外を小型株と位置づけています。

時価総額とは、株価に発行済株式数を掛けたものであり、企業価値を評価する際の指標として使われます。この数字が大きいほど会社の規模が大きいと判断されます。例えばトヨタ自動車は、現在上場している企業の中で最も時価総額が多く、約32兆円あります(2021年7月現在)。

こうした大型株や中型株は、誰もが知っている有名企業が多く、会社の事業もすぐに理解できるような会社ばかりです。

一方で小型株は約2200社あり、上場企業全体に占める割合は最も多いですが、社名も事業内容もピンとこないものが大半かもしれません。

しかし、**株価が短期的に急騰するものや、10倍以上になる、いわゆる大化け株の多くが小型株です。**

急成長する会社に小型株が多いのは、そもそも企業数が多いこともありますが、それ以上に時価総額の規模が影響しています。前出のトヨタ自動車の場合、ふつうに考えてここから株価を10倍にするのは容易いことではありません。時価総額でいうと

32兆円が320兆円になるわけです。3倍にするのも簡単ではないでしょう。

基本的に株価が上昇するときは、売上げや利益も増加していることが多いですが、今後トヨタ自動車の売上げが2倍、3倍になる可能性はどれくらいあるでしょうか。2019年度の新車販売台数は世界第2位の約1074万台です。1位はフォルクスワーゲンの1098万台、3位がルノー・日産自動車・三菱自動車の3社連合で1015万台です。

トヨタ自動車が企業努力を続け、ライバル2社のシェアを大きく奪えば、新車販売台数は現在の3倍になり、株価が3倍になることもあるでしょう。しかし現実味は今のところ薄いと言えます。

つまり、**総じて大企業は伸びしろが限られている**と言えるのです。

一方の小型株は、時価総額100億円程度の小さな会社が大半です。時価総額の規模が小さい分、事業の成長、商品のヒットが売上げや利益に与えるインパクトは大きく、株価の上昇余力は大きいと言えるでしょう。

そしてひとたび注目されれば、株式市場の1日の売買代金は兆円単位で動きますから、その一部が小型株に流れ込めば、たちまち株価が大きく上がります。

参考までに、10倍株になったアイ・アールジャパンホールディングスの購入当時の時価総額は70億円程度、アークランドサービスホールディングス40億円程度、東映アニメーションは230億円程度でした。

ただ、小型株といえど、すぐに株価が5倍、10倍になるわけではありません。**ある程度ガマン強く保有し続けることが必要です。**少なくとも数年スパンで長期保有するつもりで投資してください。

2020年はコロナ禍の急落後の急騰相場で、短期間で株価が大きく上昇するものも目立ちましたが、こうしたケースは稀だと思った方がいいでしょう。

私がテンバガーを達成したアークランドサービスホールディングスの場合、2010年に投資を開始して、テンバガーになるまで5年かかりました。アイ・アールジャパンホールディングスは3年と比較的短期間で達成しましたが、東映アニメーションは10倍になるまでに8年かかりました。

テンバガーを実現するには、信じて保有し続けることが必要になるのです。実際、

私は早く売ってしまった結果、テンバガーを逃したことがあります。銘柄はベイカレントトコンサルティング（6532）です。

同社の主な業務はコンサルティングです。コンサルティング事業は成長市場であり、なかでもデジタル関連のコンサルは年率20％以上伸びています。2018年に平均株価3520円で投資しました。

しかし投資した直後から業績、株価ともに元気がありませんでした。18年度の利益は前年比で3割を超えましたが、19年は減益が続き、3Qで下方修正を発表したため損切りすることを決断。株価2800円で売却し、損失額は15万円程度でした。

ところが、ここから同社の反撃が始まります。2020年、21年の業績は絶好調で、株価は4万円を超える勢いに！　**もし保有し続けていたら、70万円の投資が800万円になり、私自身、4つめのテンバガー株を獲得できていたはずでした。**

もちろん、業績が悪化しているのに、見て見ぬふりをして持ち続けるのは賢明な選択ではありませんが、一方でこれはと見込んだ銘柄をあまり早く見切ってしまうのも得策とは言えないのです。ちなみに、私が銘柄に見切りをつける条件は6章にまとめました。

あるようでなかったビジネスモデル

独自のビジネスモデルを持っていることも、大化け株の共通点です。

例えば、アークランドサービスホールディングスは、かつ丼屋のチェーンという一見、ありふれたビジネスモデルです。しかし、価格や営業スタイルに独自の工夫、視点がありました。

私が同社に投資したのは2010年ですが、それ以前のかつ丼店は、価格が結構高めでした。かつ丼でも1000円前後、とんかつ定食は1500円ぐらいしたと思います。お店はデパートのレストラン街にあり、テーブル席でゆっくり味わうのが主流でした。

そんななか、同社は**かつ丼を500円以下で出してきたのです**。お店の形態も牛丼屋チェーン店の吉野家のような店舗スタイルで出店。従来のかつ丼店の主流であるテーブル席主体のお店から、カウンター席が中心の店作りに変えたのです。

この仕掛けが奏功し、今まで未開拓だった**サラリーマン層のランチタイム需要を獲得します**。店舗も駅前の繁華街をはじめ、郊外にも多数出店。テイクアウトや家族連れのニーズもしっかりキャッチしていきました。今までになかった営業スタイルや新しい切り口が成功につながったのです。

「かつや」の店舗数は2010年度は100店舗以下でしたが、**20年3月時点では407店舗まで拡大しています。そして店舗拡大に伴って、株価も10倍を超えていったのです。**

独自のビジネスモデルと言うと、これまでにないまったく新しいやり方や、新技術を使った革新的なスタイルをイメージしますが、「かつや」のような価格帯や顧客層を少し変えるだけでも、売上げが大きく変わり、それが株価に反映されることは少なくありません。

そしてこうした変化は、日々の生活の中で気づくことができます。「最近、よく見かける店だな」とか「女性客が増えたな」など、変化に気づいたら株価を調べてみてください。大化けする株の株価の上がり始めをとらえることができるかもしれません。

ちなみに「かつや」は低価格にすることで差別化を図りましたが、反対に価格を上げる方法もあります。いわゆるブランド戦略です。スターバックスやレクサスなどが採り入れています。そうした動きも見逃さないようにしてみてください。

巣ごもり消費の波に乗って株価上昇

また、**「時流に乗る」**ことも、大化け銘柄をつかむ大切なポイントの一つです。

前述した東映アニメーションの場合は、2018年まで同社の株価は4000円前後で推移していました。それが20年に入ると**コロナによる巣ごもり消費が同社の株価を押し上げていきます。**

20年4月に最初の緊急事態宣言が発出され、直後のゴールデンウイークは渋滞が一度も発生しないという異常事態となりました。

この状況は海外も同じで、自宅で同社のアニメを視聴する人が急増。ドラゴンボールやワンピースなどの人気アニメがヒットしました。

またスマホゲームの「ドラゴンボールドッカンバトル」も、国内版、海外版ともに好評で、東映アニメーションの業績拡大に貢献しました。

時流をとらえた同社の株価は大きく上昇。見事テンバガーを実現したのです。

また、前出のアイ・アールジャパンホールディングスも、NISAやiDeCoの普及という時流に乗って拡大するだろうと読み、投資しました。

その後、20年3月にコロナウイルス感染拡大による株価暴落で、ネット証券の口座開設数が通常の数倍になったというニュースがありました。暴落して割安になった株を今のうちに買っておこうと考えた人が多かったのでしょう。私はそれが同社の業績をさらに押し上げると読みました。

そしてもう一つ、同社は**アクティビストの増加**という時流にも乗りました。アクティビストとは、ある程度の株数を所有して大株主になった後、上場企業の経営に積極的に関与する投資家のことです。

上場企業の経営陣にとってアクティビストは、経営に口を挟んでくる、ある意味危険な存在です。会社の株を大量保有する目的は何なのか、いったいどんな人物なのか、知っておきたいわけです。

そこで、アイ・アールジャパンホールディングスの「**株主判明調査事業**」を利用する経営者が増えるだろうと予想しました。実際、同事業が業績拡大の追い風となりました。

時流にうまく乗った企業は、株価が大化けする傾向があるのです。

利益が増えれば株価は上がる

利益が大きく伸びていることも、大化け株の共通点です。当たり前だろうと言われそうですが、これが最も重要なポイントです。

前出のアークランドサービスホールディングスの場合、保有を開始した2010年の利益は7億1300万円でしたが、16年には約3倍の20億6900万円に増えています。

東映アニメーションの13年度の利益は32億円でしたが、20年時点では4倍近い114億円まで拡大しています。

アイ・アールジャパンホールディングスは、投資した16年度の利益4億4500万円が、20年には5倍超の24億4500万円まで急増しました。3社に共通するのが、利益が急増した年に株価も急騰すること。利益と株価は比例する傾向があると言えるのです（次ページ図参照）。

利益の伸びが株価上昇につながることは、**2020年の1年で株価が10倍になった**

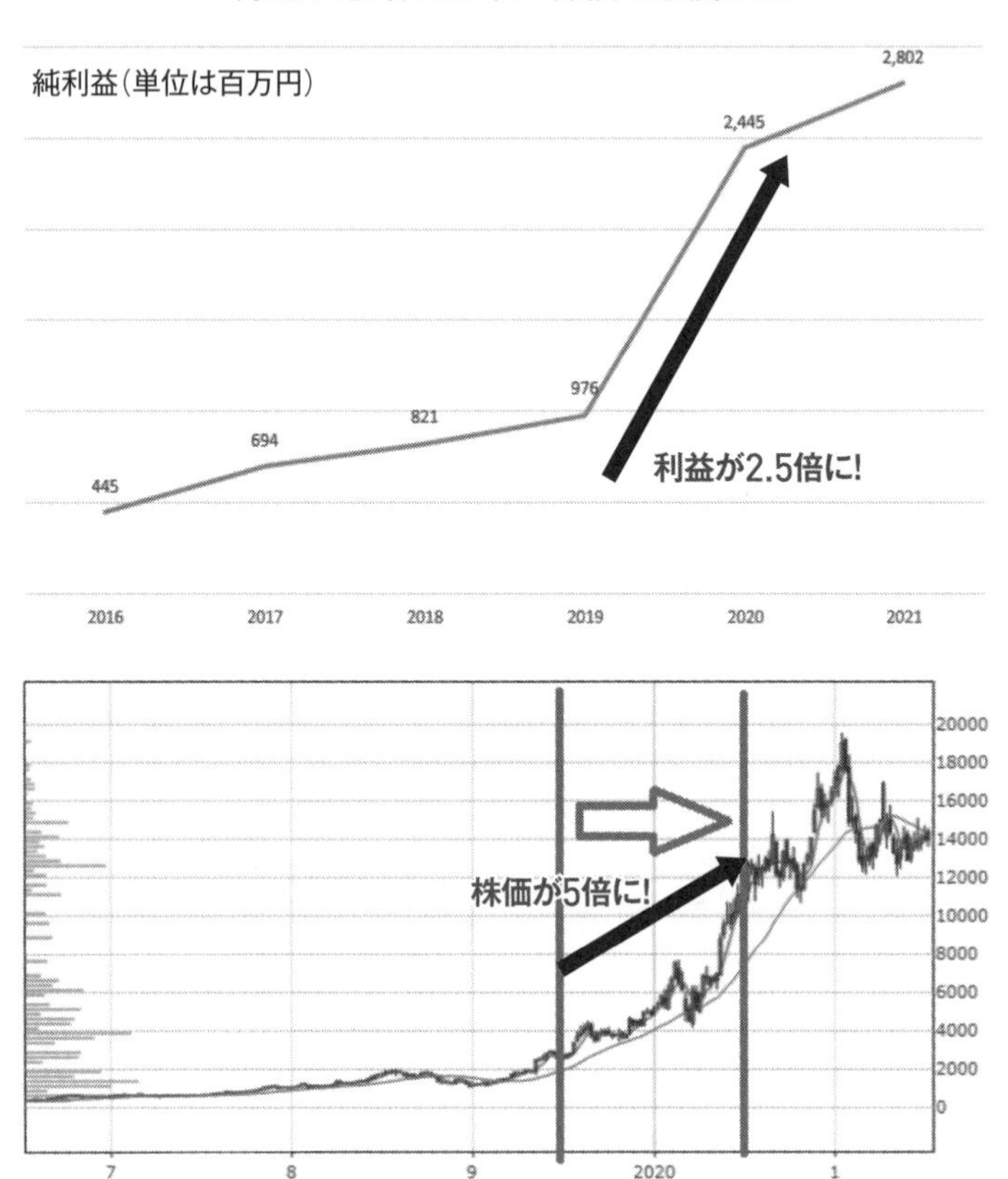

上の図はアイ・アールジャパンホールディングスの純利益額の推移、下の図は同社の株価チャートです。上図から2019年から2020年にかけて1年で利益が2.5倍に急増したことがわかります。同社は毎年5月に決算が発表されるため、2019年5月から2020年５月までを区切ってみると、利益が急増したこの期間に株価も2000円台から1万円台へ大きく伸びていることがわかります(下図)。

2つの銘柄からもわかります。

それは**BASE（4477）**と**すららネット（3998）**です。皆さんもご存知のように、2020年は3月のコロナ暴落の後、すぐに株価は反転、その後大きく上昇していきました。

この回復相場で投資マネーが向かった先は、コロナの影響を受けにくい業界や企業でした。

その代表例がBASEであり、**3月の大底からわずか5か月で株価は12倍になったのです。**3月13日の年初来安値774円が、8月には1万40円まで上昇。株価は約12・9倍となりました。

わずか5か月で株価12倍になったBASE

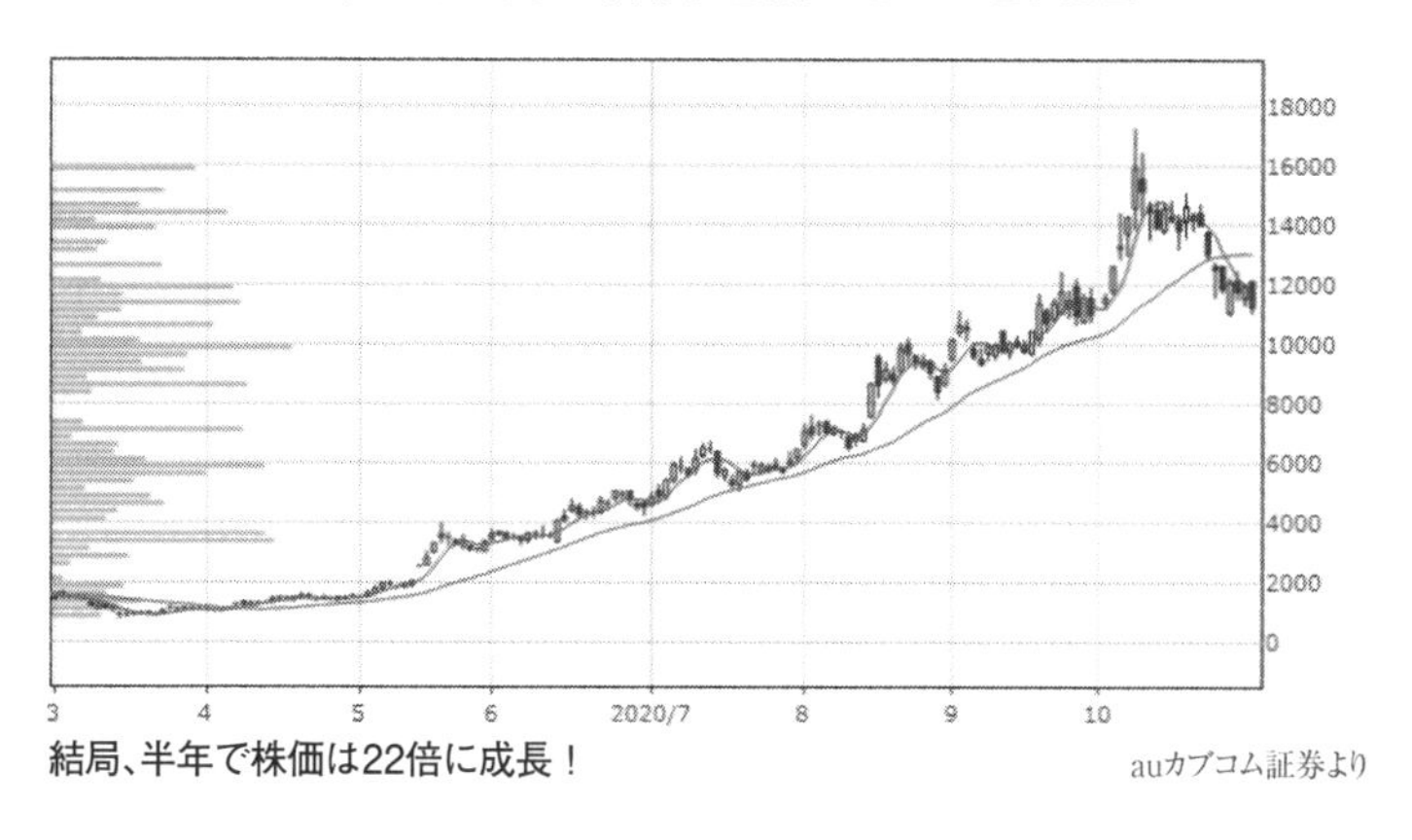

結局、半年で株価は22倍に成長！

auカブコム証券より

同社は個人、小規模事業者向けＥＣプラットフォーム「ＢＡＳＥ」を運営。デザイン性の高いネットショップを無料で作れるネットショップ作成サービスなど展開しています。

なぜＢＡＳＥのサービスが受けたのか。**来客数の激減でリアルの店舗が開店休業状態となったため、次々にネット販売へ移行。同社のプラットフォームの利用が急増したのです。**同年5月にはＢＡＳＥを使ったネットショップ開設数の累計が１００万件を突破しました。

一方で、消費者の購買活動もリアルからＥＣ（電子商取引）へ一気に変化したため、ＢＡＳＥのプラットフォームを使うネット店舗の20年4月の流通総額は3月の約２倍（１９０％増）と急増したのでした。

コロナによる特需が生まれた業界はいくつかありますが、ＢＡＳＥはコロナの影響がとりわけ大きい「小売外食、サービス業向け」「個人や小規模事業者向け」に狙いを絞ったネットショップ運営支援サービスが受けて、爆発的な需要を掘り起こしました。

いわゆるネットショップは従来から人気の楽天やYahooなどがありますが、ＢＡＳＥはホームページを作る知識がない人でも、手軽に運営できて、月額料金や登録料もかからないため、利用が急増したのだと思います。

ＢＡＳＥの株価は２０２０年９月以降も急騰を続け、10月には１万７２４０円まで上昇。３月の安値から半年で株価は22倍になりました。

コロナ特需による業績の好転を見越した投資家の先回り買い行動が、株価を押し上げた最も大きな要因でした。

さらに20年８月14日に発表された**最新の「決算短信」が、株価上昇をさらに加速させました。**

決算短信とは、証券取引所の適時開示ルールに則り、決算発表時に作成・提出する上場企業の決算内容をまとめた書類のことです。３か月に１度開示され、第１四半期（１Ｑ）から第４四半期（４Ｑ）まであります。

例えば３月期決算企業の場合、４月〜６月が最初の３か月間になるので、１Ｑになります。次の４月〜６月が２Ｑに該当しますが、決算短信の場合、２Ｑは４月〜９月までの半年間累計の数字で開示されます。

決算短信の中で、投資家が最も重視するのが「利益」です。利益の数字が昨年比で伸びている企業ほど、株価も上がる傾向があります。

BASEの2Q決算短信を見ると、2019年の売上高16億8700万円から20年は2倍以上となる36億8100万円に増えています。

利益は、本業の利益を示す営業利益が19年の1億3500万円の赤字から、20年は6億1200万円の黒字へ転換。最終利益の純利益も、19年の1億3600万円の赤字から、20年は5億3000万円と黒字化に成功しました。

この利益の伸びは、同社の予想を超えており、19年に出した通期純利益予想（通期は1Qから4Qで合わせた数字）は5500万円の赤字から3億9400万円の黒字という、かなり幅を持たせた予想となっていました。

実際に2Q時点で5億円を超えていたので、**半年で会社予想を超過したわけです。**そのため今後売上げや利益の、さらなる好材料が出ると予想した投資家が、買いを入れていき、株価上昇が加速したと考えられます。

「上方修正」は株価上昇のシグナル

一般的に株価が10倍になるまでには、少なくとも数年はかかります。私の記憶では「いきなりステーキ」を経営するペッパーフードサービスが、2017年に1年で株価10倍を達成しましたが、それ以外はあまり知りません。

しかし、2020年は2つも登場しました。2社目のテンバガー銘柄が「**すららネット**」(**3998**)です。

同社はオンライン学習教材を塾や学校、個人に提供するeラーニングが主力事業。2020年3月13日に**682円だった株価は、同10月に9300円まで高騰し、約7か月で株価は13倍以上になりました。**

同社はオンライン学習教材を提供しているため、いうまでもなくコロナ感染拡大はネガティブ材料ではなく、ポジティブ材料になります。

コロナにより4月~5月にかけて、全国的に学校の休校が相次いだため、公立学校のオンライン学習教材需要が大きく伸長しました。

すららネットはコロナ前まで、**学校よりも学習塾の導入数が多く、**大半を占めていました。

２０１９年２Ｑ時点の同社システムを導入する塾の数は８１３でしたが、20年２Ｑ時点では９９３に増加しています。それに比べて学校の導入数は、同じ期間で見ると、１６０校から４０２校に、一気に２００以上増えています。

一般的に、学習塾に比べて学校の方が生徒数は多いですから、業績の急伸も連想できます。

では実際の業績はどうだったのか。すららネットの19年２月時点の20年業績予想

オンライン学習教材で株価13倍!

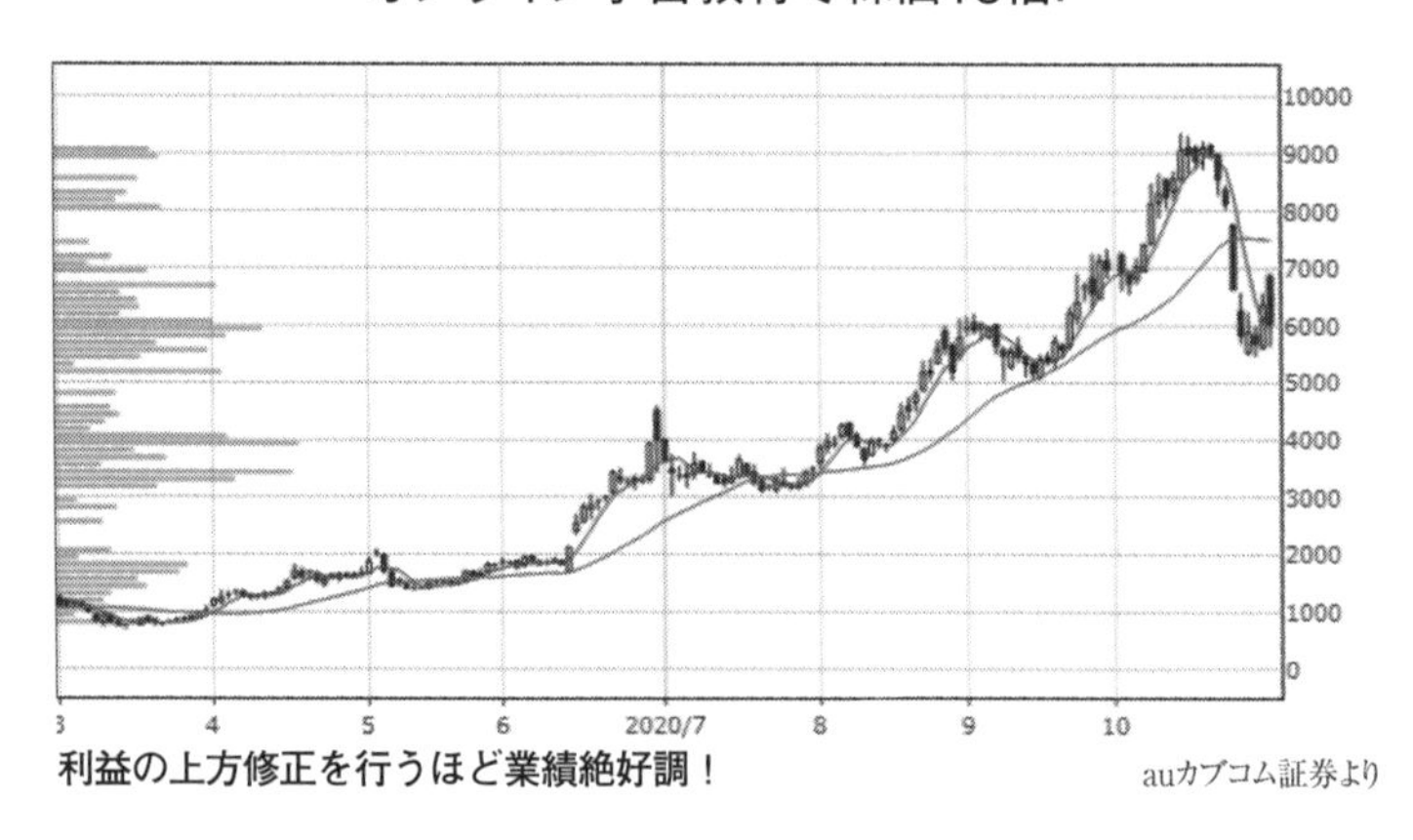

利益の上方修正を行うほど業績絶好調！

auカブコム証券より

は純利益で1億1400万円でしたが、20年7月に発表された中間期2Q決算短信を見ると1億3400万円となり、すでに超過しています。さらに同日、**利益予想を1億9300万円とする上方修正を発表しました。**

上方修正とは、当初の会社予想よりも、実際の進捗状況の方が売上高で10％以上、利益面で30％以上多い場合、その旨を開示する必要がある決算情報の一つです。**上方修正の発表は、株価にとってはもちろんプラス材料となります。**

利益が増えれば、企業価値も上がりますから、株価が低いままほったらかしにされることはありません。

私は仕事柄、決算の度に数多くの上場企業の決算短信をチェックしますが、すらネットのように、利益が予想よりも30％以上プラスになり上方修正する企業は多くありません。

そのため多くの投資家に注目され、株価は大きく上がるのです。

小型株専用！ 利益と株価の方程式

私はこの利益の伸びと株価上昇の関係を、大化け株をつかむ公式にしました。それが「**利益2倍株価2乗の法則**」です。**企業の利益が2倍になると、株価はその2乗、つまり4倍になるという法則です。**

例えばAという会社に投資した後、利益が2倍になったと仮定します。その場合、株価は2倍の2乗、つまり2×2＝4倍になるという法則です。

利益が2倍なんだから、株価も2倍が妥当と思われるかもしれません。

しかし利益が2倍に膨らむ会社というのは、他の会社に比べて大きく成長しているため、投資家の期待が集中するなど複数の要因が絡み合い、株価は2倍を軽く超え、4倍まで高まる傾向があるのです。

この公式はすべての会社に当てはまるわけではありません。例えば大型株にはほとんど当てはまらないでしょう。前述したように、時価総額が大きすぎて利益が2倍になったとしても、株価が4倍になるほどの勢いはないからです。

その点、時価総額が小さい小型株は、この法則が結構当てはまります。小型株専用の法則と言っていいでしょう。

事実、私が掴んだテンバガーも法則に合致しています。

前出のアークランドサービスホールディングスは保有中、利益が3倍になる年あたりで株価が10倍に到達しました。利益3倍だと、その2乗は3×3＝9です。10倍には届きませんが、株価には投資家の期待が先行して反映されます。その期待分、さらに株価が上がったと思われます。

また、東映アニメーションは2012年に保有後、利益は3・5倍になりました。3・5を2乗すると約12倍。同社は株価13倍以上となっていますから、範囲内に収まっていると言えます。

そしてアイ・アールジャパンホールディングスは、株を購入してから利益は7倍に

利益が2倍になると株価は2乗になる法則

利益	株価
2倍	$2^2=4$
3倍	$3^2=9$
4倍	$4^2=16$
5倍	$5^2=25$
6倍	$6^2=36$
7倍	$7^2=49$

利益が伸びると株価はそれ以上に上がる！

なったため7の2乗、7×7＝49となります。株価は50倍になっていますから、ほぼ合っています。

「利益2倍株価2乗の法則」を活用すれば、**将来の株価水準もある程度予測することができます。**

例えばアイ・アールジャパンホールディングスの株価が100倍になるのはいつ頃か考えてみます。

同社の2021年3月期の利益は28億円でした。そして22年の利益予想は40・5億円です。このペースでいくと、23年には45億円に届くのではないかと思っています。

この額は、投資した16年度の利益4億4500万円のおよそ10倍ですから、**株価は23年に10の2乗＝100倍になると予想されます。**つまり株価は3万5000円を超えるということです。果たしてどうなるか？　そのときが来たら、私のYouTubeチャンネルで報告します。

大化け株に出会う「中期経営計画」

ここまで、利益の伸びが株価上昇をもたらすことをお伝えしてきましたが、**利益の伸びを早く、正確につかめば、今後株価が上昇する銘柄をいち早くつかむことができる**わけです。

そこで前述した決算資料をチェックして、利益が伸びる会社を探し、先回りして買ってみましょう。

例えば、**NexTone**(7094)は、楽曲の著作権を持つ人から委託を受け、楽曲を利用したい人から使用料を徴収する著作権管理事業を展開している会社です。

同社は2020年に上場したばかりですが、上場時に年率成長30~40%という目標を掲げました。年率30%が6年続くと4倍になる計算です。

さらに同社は、現在の著作権管理収入の約60億円を今後600億円にしたいと発言しています。

こうした発言や経営計画をチェックし、成長の初期段階に投資することで、次の大化け株候補をとらえることができます。

実際、同社の2022年5月期の業績予想は売上高で前年比30・5％増加の79億7000万円、営業利益は前年比35・3％増加の7億3000万円と予想していますので、順調に伸びていると認識しています。

また、2020年11月には海外利用における著作権徴収に関する代行契約を締結すると発表。演奏権参入についても、22年4月1日より一部管理開始予定と決算資料に記載されていました。いずれも、さらなる業績拡大のエンジンになりそうです。

決算短信に加えてチェックしたいのが、企業の「**中期経営計画**」です。

中期経営計画とは字のごとく、3年から5年の中期における企業の方向性やビジョンを明確にしたものです。企業によっては、そこで具体的な経営目標や目標数字を出しています。

決算情報を開示する決算短信と違い、すべての会社が提出する書類ではありませんが、決算短信が今年の業績予想までしか書かれていないのに対して、中期での見通しが書かれている点が魅力です。私は中期経営計画をチェックして、3年から4年で利益目標が3倍になる会社に注目しています。

実際に、この資料を見て、次のテンバガー候補になり得ると判断し、投資した会社が**ピアラ(7044)**です。

同社は化粧品と健康食品に特化したコンサルティングやマーケティングが主力事業の会社です。コンサルを主力事業とする上場企業は多数ありますが、ピアラは化粧品と健康食品に絞っている点に特徴があります。

ご存知のように日本は、少子高齢化、人口減少社会に突入しています。今後、若い人が減り続けますが、逆に高齢者層は増え続けます。

そして2025年には、第一次ベビーブームに生まれた団塊世代が後期高齢者に達し、社会保障費が急増すると言われています。いわゆる「**2025年問題**」です。25年に後期高齢者人口は2200万人に膨れ上がり、成人の4人に1人が75歳以上になると予測されています。

その結果、医療費や介護、年金など社会保障費はますます膨らむでしょう。支出の財源は国民の税金ですから、すべての人にとって切実な問題でもあるのです。

超少子高齢化社会を迎えることは確実ですから、シニア、ヘルスケア分野は成長産業として注目されています。日本のヘルスケア産業の市場規模は、2020年の26兆円から30年には37兆円に拡大すると試算されています。
若い世代と比べると、団塊世代や高齢者は健康に対する意識が高いため、同社には追い風が吹くと感じました。

ピアラは中期経営計画を発表しており、２０２２年12月期で売上高２３５億円、営業利益で12億円という目標を打ち立てています。**同社の19年の営業利益は4億８００万円でしたので、約3倍の利益を見込んでいるわけです。**私はこの成長プランに着目しました。

前述した「利益2倍株価2乗の法則」に当てはめると、中期経営計画通りに利益が伸びた場合、株価10倍は十分あり得ると見込んだのです。

ピアラに投資をしたのは19年9月です。株価約１１１１円で２００株購入しました。その後、株価はみるみるうちに上昇したため、追加購入できずにいましたが、20年1月27日以降は下落トレンドに転換。これ以降2月から何度も買い増しをしていきました。最後に購入したのが3月19日、株価は１０１１円でした。

結局トータルで１５００株購入し、平均購入株価は１１７７円でした。その後、株価は一時的に９００円を割り込むタイミングもあったのですが、コロナ禍でも同社の業績は好調であり、私は心配していませんでした。

２０２０年11月に発表された最新決算では、利益成長が前年比で４割以上のプラスになりました。そして株価も一気に挽回！

同５月に１５００円、８月には２０００円、**9月には2500円を超えていきました。**

56ページの保有資産残高にあるピアラの収支からもわかる通り、私の資産拡大に大いに貢献してくれたのです。

中期経営計画は株価上昇の目安に！

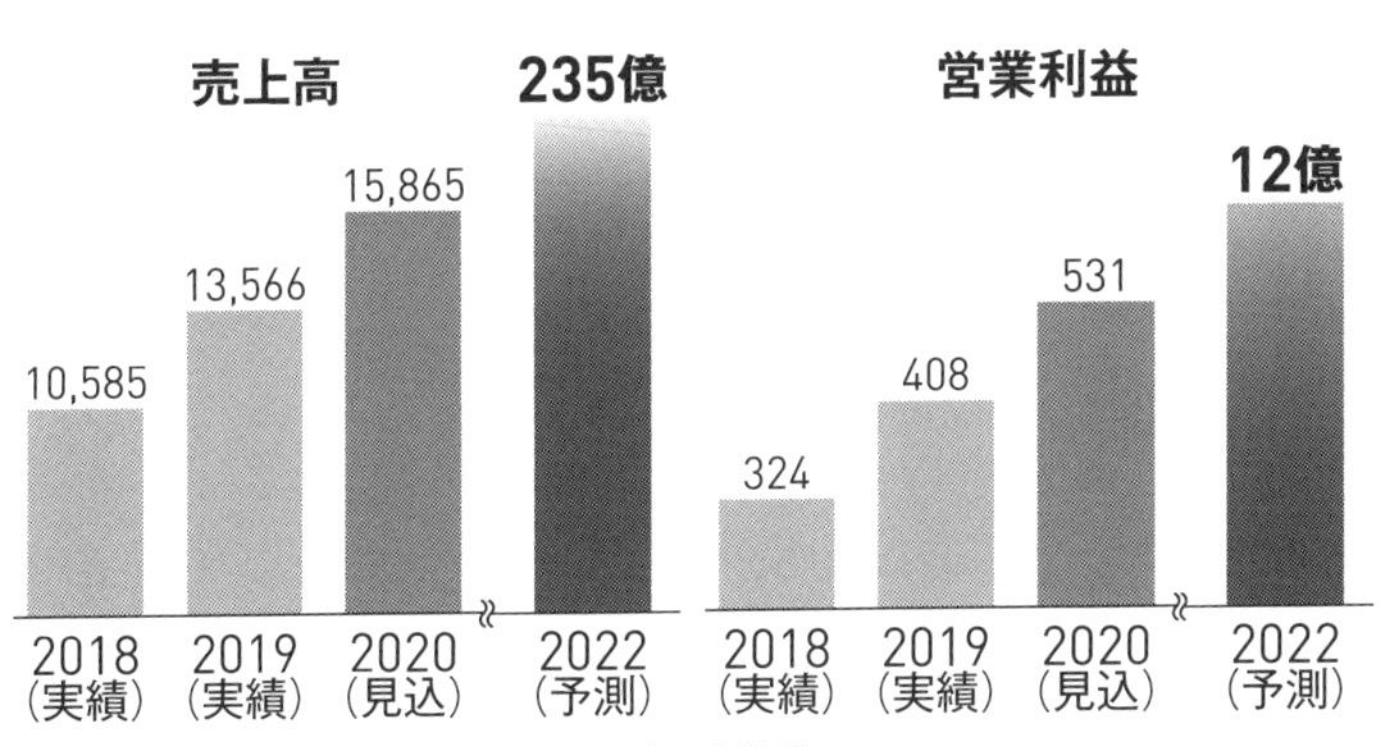

ピアラの中期戦略概要より中期経営計画を抜粋

ピアラについては、中期経営計画の最終年度である2022年までは保有継続方針です。途中で目標の大幅未達や取り消しなどの悪材料が出ない限りは、このまま保有するつもりです。

下落相場で安く買ったおかげで10倍株

前出のピアラは、株価が下落したときにたくさん追加購入し、その後の株価上昇の恩恵を受けました。このように、投資は安いときに少しでも多く買うのが合理的です。

もっと言えば、**株価が大きく下げている局面やショック安、波乱相場の真っ最中に成長株を買うのが、テンバガーをつかむ近道**と言えるでしょう。

一般的には、株価が上昇トレンドにあるときの方が安心して買うことができます。しかし私は、経験上株価が大きく下げているときこそが一番の買いチャンスだと考えています。

実際、10倍株となった東映アニメーションも、600株分は2012年4月～5月にかけて購入しました。

当時はアベノミクスが始まる前で株価も低迷。ギリシアやスペインなど欧州の一部の国の債務問題が経済危機へと拡大していき、日経平均株価もそのあおりを喰らって6月には8238円の年初来安値をつけました。

年間を通しても9000円前後で推移していた時代でした。**そのときに安く仕込んだおかげで株価10倍を取れたわけです。**

また、アイ・アールジャパンホールディングスの購入タイミングは、2016年6月から8月にかけてです。

この局面はEU離脱ショック（ブレグジット）が起きたタイミングです。事前予想ではEUから離脱しないと見られていた英国が、国民投票の結果、離脱支持が残留支持を上回り、離脱が決定しました。

翌日の株価は1286円安となり、4ケタ超えの暴落となりました。日経平均株価も1万5000円を割り込みましたが、それに引きずられるようにアイ・アールジャパンホールディングスの株価も急落。**私はこのタイミングを狙いすまして、株を購入したのです。**

株価が安いときというのは、例えるならスーパーの特売セールのようなものでしょう。夕方に行くと、生鮮食品に2割引きのシールが貼られていて、閉店間際に行くと半額になっていることもしばしばです。

これと同じようなことが株式市場でも起こるのです。**少ない投資資金でより多くの株を購入できるわけです。**

しかし、株価が大きく下がっているときに投資するのは、口で言うほど簡単なことではありません。勇気が必要です。なぜなら、**その下落がいつ終わるかは、最中にあっては誰もわからないからです。**

もしも翌日も同じように急落したら、2日で最大20％の含み損を抱える恐れもあるわけです。短期間での大損は、精神的にも相当なダメージになりますので、投資家は敬遠します。

ただ、この急落相場は半年、1年も続くわけではありません。わかりやすい事例がコロナショックです。あのときは年初の高値圏2万4000円から3月には1万6500円台まで急落しました。日本だけではなく、世界中がどこまで下がるのか不安に襲われました。

しかしそれから1年経たずに日経平均株価は2万8000円台まで回復、一時は3万円の大台に乗りました。

過去に何度も発生したショック安ですが、結局は勇気をもって、**一番つらいときに買い向かった人が一番利益を出しているのです。**

創業者が社長の会社は株価が伸びる

この章の最後にもう一つ、小型株に多い株価上昇パターンをお伝えします。それは、投資候補の企業の**社長が創業者である**ことです。

上場企業の社長には、従業員として入社し、出世して社長になったサラリーマン社長と、創業者が社長の主に2種類の社長がいます。どちらも優秀な人材だと思いますが、投資という観点から見ると、創業者社長の方が良い結果になる傾向があります。

カリスマ社長として有名な日本電産の永守会長、ソフトバンクグループの孫社長はどちらも創業者です。彼らはビジョンを語り、大きな夢や目標を実現してきました。

ときに大ぼらと思われるようなことでも、本気で取り組む姿に人は魅了されます。
反面、サラリーマン社長の場合、創業者社長と比べて業績や株価の伸びもスケールが小さい印象があります。

もちろん個々の企業により違いはあります。サラリーマン社長でも大成功した会社はたくさんありますが、長期に渡って株価が上昇を続ける銘柄をつかむという本書の観点においては、創業者社長に軍配が上がります。

その理由は主に2つあります。まずは、**サラリーマン社長はどうしても短期志向になるため、成長が継続しない**ということです。

サラリーマンが社長に昇格しても、成果が出なければ早々に交代されます。創業者の代わりはいませんが、サラリーマン社長の代わりはいくらでもいます。そうなると、どうしても短期間で成果を出すことに注力します。すぐに結果が出なければ交代させられるので、将来を見据えて先行投資するようなことはあまりしません。

対して、創業者が社長の場合は、10年20年先を見据えて、成長の種を蒔くことができます。短期的に赤字の部門も、将来的に基幹事業に発展することもあります。

また、サラリーマン社長が創業社長に負けているもう一つの点は、**彼らは株価への関心度が低い**ということです。

サラリーマン社長の多くは自社の株をほとんど保有していないため、株価が下がっても直接ダメージを受けません。たとえ配当金が減っても、さしたる影響を受けないのです。

もちろん、業績が悪ければ株主総会で株主から糾弾されますが、コロナウイルス感染拡大の影響で、株主総会の会場の縮小、オンライン化が進んでいます。株主総会の招集通知には、傘下の自粛を要請する注意書きが大きく書かれており、株主が経営者に対して注文をつける機会は減っています。

反対に、**創業社長の多くは大株主です**。ですから、業績悪化などによる株価の下落が自らの資産減少や報酬減に直結します。必然、株価を意識した経営を行い、それが結果として業績向上、株価上昇につながるケースも少なくないでしょう。

つまり、創業者と私たち投資家の利害は一致しており、投資家の立場から言えば、創業者を信じ、応援したくなるというわけです。

以前、日経ヴェリタスで「**在任期間中株価を上げた経営者ランキング**」という特集が組まれていましたが、**上位10社中9社が創業者が社長の会社**だったようです。

最近では、**エムスリー（2413）**の事例が創業社長優位をよく表しています。

同社はソニーの関連会社であり医療従事者向け情報サイトで製薬会社の情報提供支援を行っています。創業者は谷村格氏。

2011年の安値は1173円、19年安値は1412円でしたが、20年12月末の株価は9743円まで上昇。11年の安値から株価は約56倍になりました。

谷村氏は今でも第6位の大株主かつ代表取締役を務めています。銘柄選びの際は、

創業者が社長の会社は株価が上がる!?

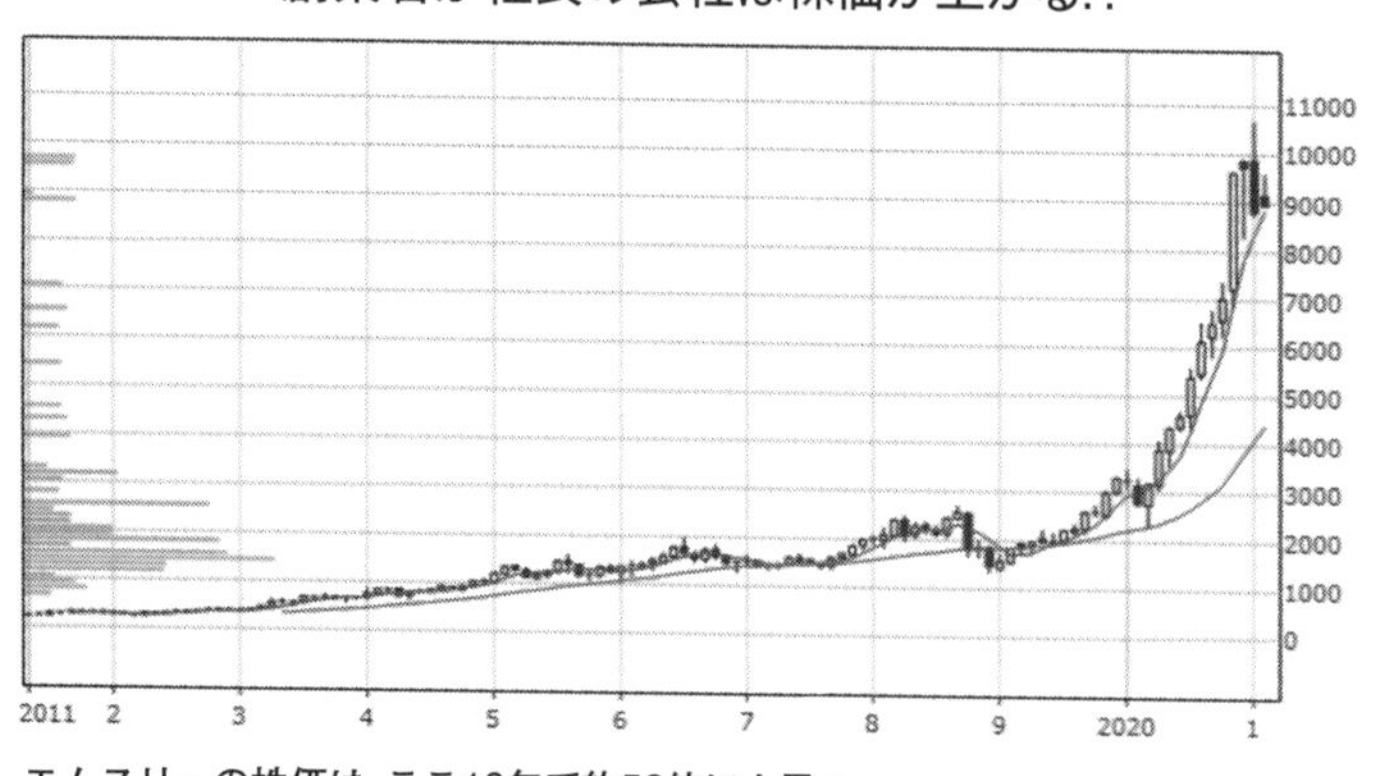

エムスリーの株価は、ここ10年で約56倍に上昇！

auカブコム証券より

創業者が社長であるかどうかを確かめてみてはいかがでしょうか。

私ができたのだから皆さんもできる

私はこれまで小型株を中心に投資を続けてきましたが、おかげさまで資産は1億円を超えました。投資の世界では1億円どころか5億円、10億円ぐらい運用する人もいるので、偉そうに言えませんが、元手10万円ぐらいで始めて、少ない資金を効率的に小型株に回すことで資産を増やしてきました。

次ページの画像は、私がメインで使っているカブドットコム証券(現ａｕカブコム証券)の口座残高画面です。この口座では40銘柄を保有していますが、そのなかで利益が大きい上位6銘柄がこれらです。先ほど紹介したピアラも上位に入っています。

この口座の保有資産は約９２００万円、そのうち含み益は約４２００万円です。累計で５０００万円投資して、４２００万円の利益を上げていることになります。

この他にもＮＩＳＡ用の口座があります。ＮＩＳＡは株の売却益と配当金が非課税

小型成長株に投資をして資産は1億円!

評価額合計	92,468,400円
評価損益合計	+42,823,468円 +86.3%

貸株サービス(貸出・返却指示/貸出料率照会)

代用貸株(申込・申込状況確認)

1-10件／40件

特定口座 一般口座

明細	銘柄(コード) 本決算/中間決算	保有株数 (注文中等)	現在値 平均取得単価	時価評価額 取得金額	評価損益 評価損益率
▶	ALサービスH(3085) 12月末決算/6月末決算	7,000株	2,161円 164円	15,127,000円 1,148,000円	+13,979,000円 +1,217.7%
▶	東映アニメ(4816) 3月末決算/9月末決算	1,000株	8,090円 1,961円	8,090,000円 1,961,000円	+6,129,000円 +312.5%
▶	フジコーポ(7605) 10月末決算/4月末決算	5,000株	2,288円 1,103円	11,440,000円 5,515,000円	+5,925,000円 +107.4%
▶	アークランド(9842) 2月20日決算/8月20日決算	2,000株	1,711円 651円	3,422,000円 1,302,000円	+2,120,000円 +162.8%
▶	ファイバーGT(9450) 6月末決算/12月末決算	1,500株	2,498円 1,085円	3,747,000円 1,627,500円	+2,119,500円 +130.2%
▶	ピアラ(7044) 12月末決算/6月末決算	1,500株	2,238円 1,179円	3,357,000円 1,768,500円	+1,588,500円 +89.8%

1章で紹介した株価上昇銘柄がズラリと並ぶ

扱いになります。詳しくは6章で紹介します。

また、SBI証券にも口座を持っています。右図のauカブコム証券の保有資産が5000万円を超えたタイミングで口座開設しました。証券口座はシステムのメンテナンスなどでログインができないときがあるため、そうしたリスクをできるだけ避けるのが狙いです。

1章では株価が10倍となった成功事例などを通じて、その掴み方、見極め方を紹介してきました。

紹介したノウハウを活用することで、10万円の元手資金を、100万円に増やし、さらに1000万円、ついには1億円まで大きくすることも可能です。私ができたのですから、皆さんにも絶対できるはずです。

とはいえ、最初から10倍株、20倍株が見つかるわけではありません。

続く2章と3章では、その可能性を秘めた銘柄を紹介していきます。

2章

Chapter02

次の大化け小型株は「次世代産業」から誕生する

新しい潮流を捉えて成長する小型株とは？

1章では、株価が大化けする「小型株」に共通する法則を紹介しました。

次に2章と3章では、実際に今後株価が大きく上昇すると私が見込んでいる小型株を、2つの視点から紹介していきます。

まず2章では「**次世代**」**の技術やテーマに関連して成長する小型株**、3章は「**政策テーマ**」**に関連して成長する小型株**を取り上げます。どちらも時流に乗って大きく成長することが期待できます。

では早速、次世代株について紹介していきます。次世代というと、関係するのは大企業が中心と思うかもしれませんが、むしろ小型株が活躍する場であると言っていいでしょう。

なぜなら、新しい潮流やトレンドをつかんで素早く対応するのは、小回りの利く新興企業が多く、ビジネスチャンスを活かしてどんどん成長していくからです。

まだ注目されていないため、100株を10万円前後で購入できる銘柄も数多くあります。**小資金から次の大化け成長株を発掘できる、超有望な投資テーマなのです。**

なお、2章では新しい技術などの新潮流だけでなく、これから流行る、盛り返すといったテーマも盛り込んでいます。いずれにしても、今後のマーケットの主役になる業種、銘柄について紹介していきます。

では一つずつ見ていきましょう。

次世代産業1

データセンター

次の10倍株はここから誕生する可能性大

最近、**データセンター**や**クラウド**という言葉を耳にする機会が増えました。データセンターとは、例えるなら、**銀行の貸金庫**に近いものです。

貸金庫に大事な書類や貴金属を預けている人もいるでしょう。金の延べ棒を預けている人もいるかもしれません。貸金庫の防犯力は自宅に比べて圧倒的に高く、自然災害にも強いと思われます。そのため月々の手数料や管理料を払って、大事な資産を預けるわけです。

データセンターは、預けるものが貴重品や貴金属ではなく、パソコンやインターネット上にあるデータです。

企業が保有する機密情報や個人情報など、各種のデータを会社の代わりに安全に保管、管理、運営やメンテナンス作業などを行うのがデータセンターです。

私もYouTubeチャンネルで定期的に動画を投稿していますが、一つの動画のデータ量は軽く1GBを超えます。これまで数百の投稿をしてきましたので、すべて保存することは難しく、公開済みの動画のデータは順次削除しています。

しかし視聴者は、私が削除した動画も観ることができます。なぜならYouTube側が巨大なデータセンターを保有していて、そこからインターネット経由で閲覧することができるからです。

また、クラウドとはインフラやソフトウェアを持たなくても、インターネットを通じてサービスを利用する形態のことを言います。

かつては専用ソフトを自分のパソコンにダウンロードしてから使うのが常識でしたが、現在はダウンロードをしなくても、インターネットを通じて利用する形へと変化しています。

注目銘柄1

さくらインターネット（3778）

わずか2年で利益8倍の独立系データセンター

データセンターという新しい分野で、次のテンバガー候補を紹介しましょう。このままいけば株価10倍も可能と見ているのは、さくらインターネット（3778）です。

同社は独立系データセンター運営大手で、ベンチャー企業や個人向けに強く、また官公庁向け需要も獲得しています。他にも専用サーバーやクラウドサービスが大変伸びており、利益拡大に貢献しています。

株価は2021年7月時点で600円程度ですから、100株を6万円ほどで購入できます。

データセンターやクラウドは時代の潮流に乗って需要が急拡大しており、さくらインターネットの利益も急増中です。

純利益は2019年の9100万円から20年は1億6000万円に増え、前年比で74%増加しました。21年の当初予想は3億5000万円でしたが、最終的に7億5800万円まで利益は伸びていきました。**19年に比べて8倍以上増えています。**

このままハイスピードで成長が続くのであれば、1章で紹介した「**利益2倍株価2乗の法則**」を適用した場合、**株価も相当なスピードで上昇していくと予想できます。**

また私が同社に注目したのは、オンライン決算説明会での発言です。

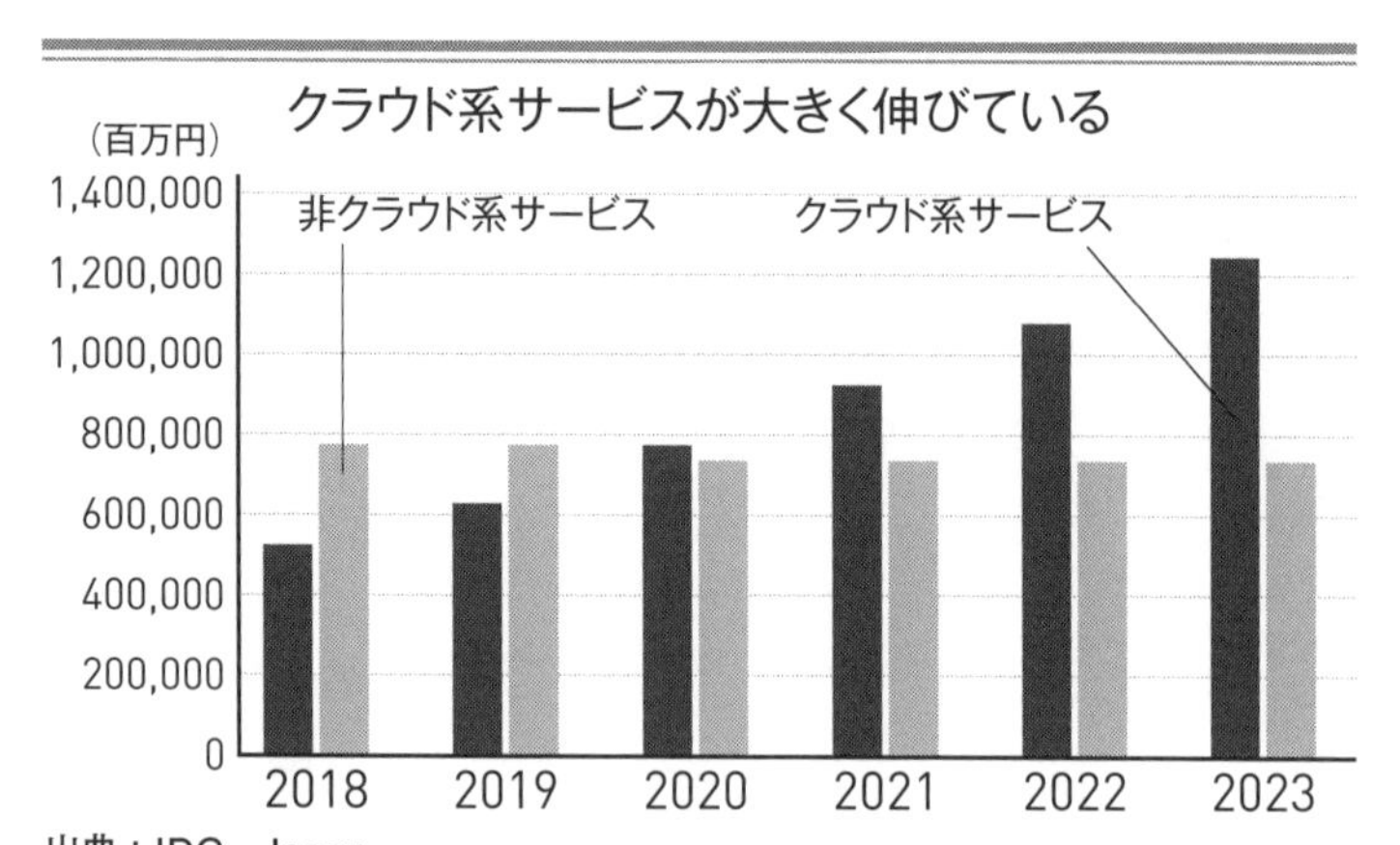

出典：IDC Japan
国内のクラウド系サービス市場は右肩上がりで伸びている

「クラウド系サービスは順調に伸び、採算もよい。2、3年後は今よりずっと高収益となっているはずだ」という趣旨の発言があり、自信が漲っているのが伝わってきました。

前ページの図は国内のクラウド系サービスの2020年までの売上高推移と、23年までの売上高予想です。19年度のクラウド系サービス全体の売上高規模は約6000億円でした。

それが22年には1兆円を超え、23年には1兆2000億円に達すると試算されています。

実際、さくらインターネットの利益は前述の通り右肩上がりで増えており、**最新決算発表でも上方修正が出ました。** 2020年代中盤には、純利益で2ケタ億が見えてくるかもしれません。

22年度の業績予想は、人材や設備への先行投資のため減益予想でしたが、24年度までの成長シナリオを同時に提示。24年度には、営業利益を24億円と見込んでいます。

ちなみに21年度の営業利益は13億7200万円です。短期的には業績が下がるかもしれませんが、中長期スパンで成長を見守っていきたい銘柄です。

本書執筆時点の時価総額は240億円程度と、**まだまだこれからという小型株に分類されます。**

最後に補足事項を一つ。2021年3月に〝LINE問題〟が噴出したのを覚えていますでしょうか?

LINEのデータを保有管理しているデータセンターが、日本ではなく韓国にあったという問題です。重要な個人情報を管理するセンターが、海外にあるなんて大丈夫かと批判されました。

この事実が発覚した後、日本のデータセンターに移管すると発表されましたが、この流れは間違いなくさくらインターネットには追い風材料となります。

同じようにデータセンターを海外に置く企業も、この問題以降、国内へ移管するケースが増えるものと思われます。

次世代産業2

DX（デジタルトランスフォーメーション）

私たちの生活を便利にするデジタル技術

続いての次世代産業は、DX（デジタルトランスフォーメーション）です。

DXとはITやデジタル技術を活用し、ビジネスを改革、業務効率化することです。**DXは単なるIT化の延長ではありません。**データとデジタル技術を活用し、サービスや商品の価値を上げていくことが狙いです。

DXの事例の一つに、ZOZOSUITがあります。衣料品の通販サイト「ZOZOTOWN」を運営するZOZOが、自分の体型を自宅で計測して、それをもとにオーダーメイドのスーツを作れるサービスを開発しました。

それまでのオーダーメイドスーツは専門スタッフが採寸し、型紙を制作。客は試着をするため再度来店する必要があるなど、作るまでに結構手間がかかるものでした。価格も数十万円と高額でしたが、ZOZOSUITは計測テクノロジーを使って、自宅にいながら数万円で完成するという画期的な商品でした。発売当初の価格は4万円台だったと記憶しています。

まさに革命的な試みだったわけです。じつは私も一着作りました。最初は体にピッタリのスーツなんて、太ったら着れなくなるのではないかと不安に思いましたが、実際はそんなこともなく、今も愛用しています。

このように、DXの技術は様々な産業や業界で活用されており、それを扱う企業の業績向上を後押しすることが期待されています。このジャンルで将来が楽しみな銘柄と、その取り組みについて取り上げていきます。

注目銘柄2

エクストリーム(6033)

アプリで順番待ちのストレスを解消! 多業種へ展開可能

技術の進歩で私たちの生活は、日々便利になっています。

「順番待ち」もその一つです。

順番待ちというと、病院や飲食店でよく見かけますが、従来は直接その場所に出向いて、受付をして順番を待つのが一般的でした。混んでいるときは数十分、数時間待たなければいけないこともありました。

ですが最近は、スマホアプリなどのおかげでお店や病院に行かずとも、受付することが可能になっています。

その代表的なアプリが**EPARK**です。アプリによる予約が可能で、飲食店だけではなく病院や薬局、整体など幅広い業界で利用されています。

順番が近づくとメールで呼び出してくれるので、店内で待つ必要はありません。コロナ禍では密の回避もでき、大変便利なツールです。**EPARKはこの分野で導入施設数・シェアともに全国ナンバー1です。**

そんなアプリを子会社に抱えるのが、エクストリーム（6033）です。同社はゲームやスマホアプリ開発と、それを開発する業者へ技術者を派遣する事業も行っています。EPARKは同社の子会社です。

エクストリームの今期業績は、ソリューション事業はゲームの受注増や不採算プロジェクトの見直しにより増益しましたが、受託開発事業は新型コロナの影響を受けたこともあり、最新決算の利益は前年より大幅減少しました。

しかし、**EPARKは登録会員数2700万人、提携店舗数約10万店と伸びており、提携先の業種は今後もどんどん広がると予想されます。**

マザーズに上場しており、株価は1000円台で推移していますから、投資金額的にもお手頃。継続して注目していきたい銘柄です。

注目銘柄3
ロコガイド(4497)
お店の特売情報をアプリなどで配信! 伸びしろ大

一昔前までは、お店の特売情報やお買い得品の情報は、新聞の折り込みチラシでチェックしていた人も多かったでしょう。

しかし今はアプリやインターネットで閲覧することができます。この特売チラシを無料で閲覧できるツールを提供しているのが、ロコガイド(4497)です。

同社は、**全国のスーパー等の特売情報を閲覧できる「トクバイ」を展開**しています。アプリあるいはホームページから郵便番号を入力するだけで、近所のチラシや特売情報を確認できます。

また、**店舗の混雑状況もわかります。** 密になっている時間を避けて買い物ができるので、コロナ禍では重宝します。

トクバイの月間利用ユーザーは、２０１９年12月の９７９万人から20年12月には１６１３万人まで拡大。**わずか1年で65%、６００万人以上も増加しています。**

チラシを提供する有料店舗数も、19年12月の２万４６６０店から20年12月には３万７３９店へ約25%増加しており、今後も伸びることが予想されます。

今後の目標として、22年３月に月間利用ユーザー２４００万人、有料店舗３万７０００店を掲げていますが、チラシ掲載店の業態や課金形態を多様化させていくことで、十分達成できると見ています。

将来的には、地域情報誌に掲載されている個人商店などもトクバイに掲載されていくでしょう。

設立は2016年、マザーズに上場したのは20年6月とまだ若い会社です。2022年にどこまで伸びているのか、業績が楽しみです。

注目銘柄4
ソフトマックス(3671)
紙のカルテを電子化! 普及率4割で伸びしろ十分

今まで紙に手書きをして作成していた患者のカルテを、電子化したのがソフトマックス(3671)です。

同社はこの分野の先駆けであり、単にネットに置き換えるだけでなく、同一グループ企業でカルテを共有したり、専用データセンターを作って病院経営のサポートも行っています。

電子カルテの普及率はまだ全体の42%程度と、今後の伸びしろも大きいです。小規模病院の導入率が低いため、ここにも利用が広がれば、同社の画像管理サービスやその他のサービスの利用も増えそうです。

将来的にはマイナンバーカードを保険証として使えるようになるので、新たなビジネスチャンスが広がるのではないかと見ています。

2020年の利益は20%を超える成長を示し、21年度も増収増益予想でした。マザーズに上場しており、株価は1000円前後で推移しています。

次世代産業3

ネット広告関連

毎年2ケタ成長する市場で新規参入が続々

日本の広告費は2014年以降6兆円を超えて推移し、19年には6兆9300億円まで拡大しました。**この間、伸び続けたのがネット広告であり、毎年2ケタ成長しています。**

反対に、テレビや新聞、雑誌、ラジオなどの広告費は減少が続いてます。

次ページの図はネットとテレビの広告費の推移です。左側がテレビで、右側がインターネットを示しています。2015年度のテレビ広告費1兆9323億円に対して、ネットの広告費は1兆1594億円とまだテレビ優勢でしたが、**19年にはネットの広告費が2兆円を超え、初の1位になりました。**

20年度の総広告費は新型コロナウイルスの感染拡大で、各種イベントや広告販促キャンペーンが延期・中止されたことにより、緊急事態宣言などが出された4～6月を中心に減少した結果、6兆1500億円まで減りましたが、その中にあってもネット広告は前年より5・9％増え、2兆2290億円となりました。

その一方で20年度のテレビ広告費

テレビとネットの広告費の推移

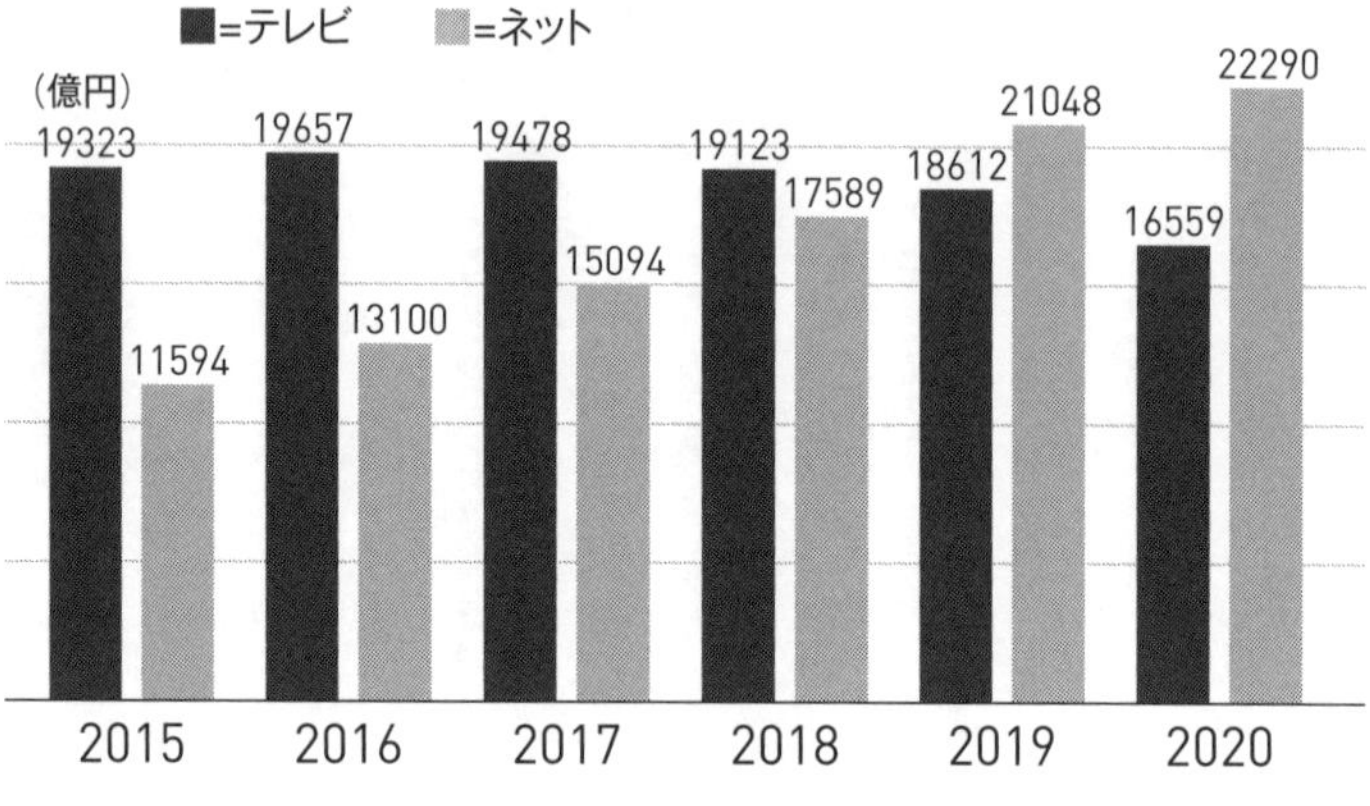

■=テレビ　■=ネット

（億円）

	2015	2016	2017	2018	2019	2020
テレビ	19323	19657	19478	19123	18612	16559
ネット	11594	13100	15094	17589	21048	22290

コロナ禍で広告費全体は減少したが、ネット広告は増加

は１兆６５５９億円と19年から大きく減少したことがわかります。

成長著しいネット広告分野で注目の銘柄を３つ紹介しましょう。

注目銘柄5

フィードフォース（７０６８）

デジタルマーケティングの増加に対応して上方修正

まず一つ目の注目銘柄がフィードフォース（７０６８）です。

同社はデジタルマーケティング関連ツールを提供しており、２０２１年に入り売上高が急激に増加しています。

これは２０２０年にアナグラムを買収した効果もあるようです。

アナグラムは、リスティング広告などの運用型広告を専門に取り扱うネット広告を手掛けています。

コロナ禍以降、**企業活動のデジタルシフトが加速したことにより、とくにＥＣ（電子商取引）やデジタル関連でのネット広告需要および案件が大幅に増えています。**

利益面ではリモート勤務に伴う諸経費の減少により、利益率が改善されているようです。

2021年2月に上方修正を発表するなど、好材料が続いています。

同社は2019年にマザーズに上場し、株価は900～1000円で推移しています。投資金額もお手頃で、今後が期待できる小型成長株です。

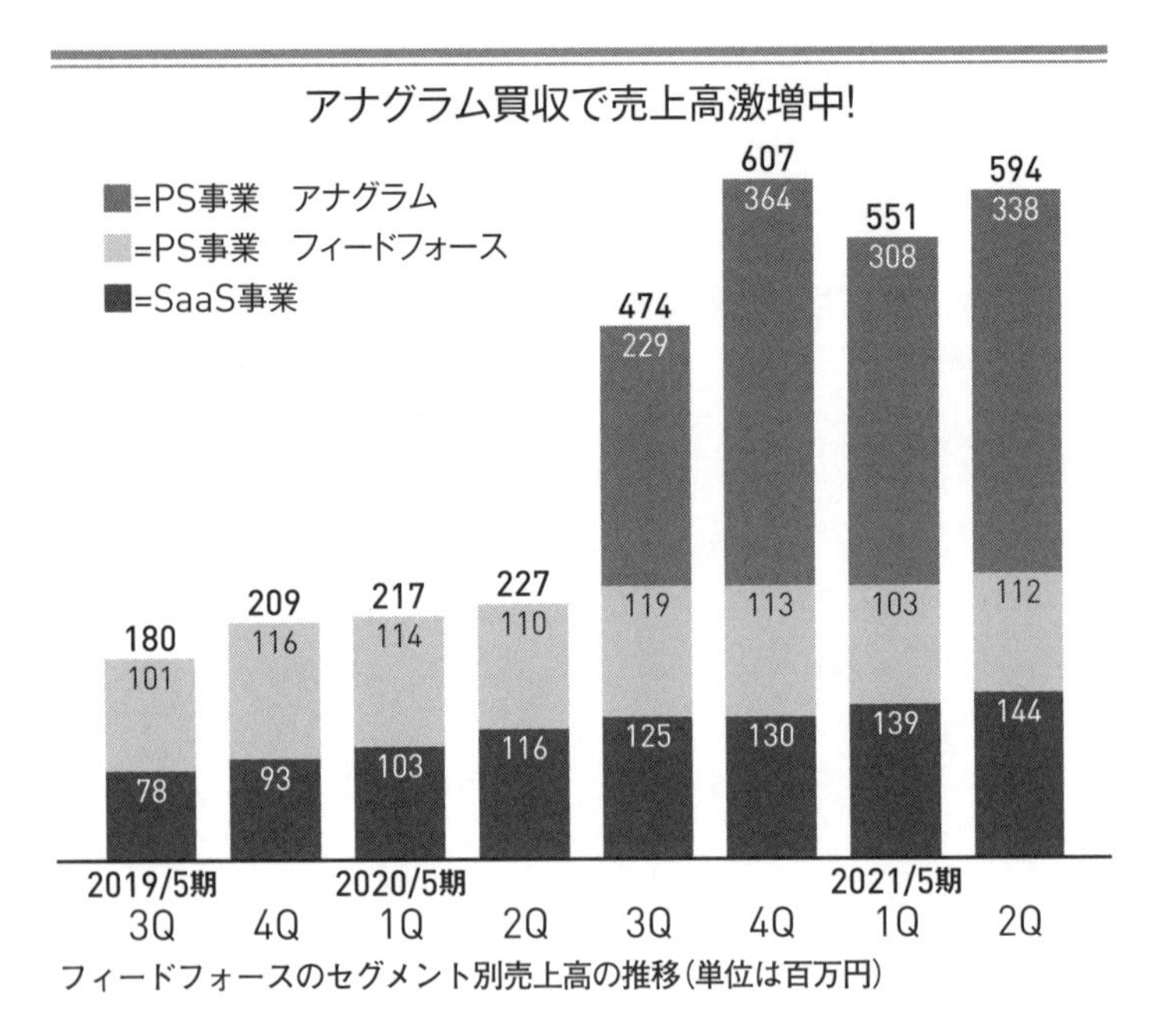

フィードフォースのセグメント別売上高の推移(単位は百万円)

注目銘柄6

イルグルム（３６９０）

広告効果の測定サービスで急伸！ 平均単価増加中

続いてはイルグルム（３６９０）です。

ネット広告の効果測定をクラウドで提供するマーケティング会社です。ネット広告の拡大に伴い、効果測定需要も高まると思われます。

同社はネット広告効果測定サービス「**アドエビス**」を、２０２１年１月に刷新しました。20以上の機能追加と改善を施しています。

業績の肝となる顧客のアカウント数は、最新決算発表時点で、若干減少しましたが、新規獲得単価の上昇により平均単価は13万円を超えています。

２０１６年度時点での平均単価は６〜７万円。19年でも８万〜10万円程度でしたから、大きく伸びていることがわかります。

２０２１年２月に発表された21年度の業績予想は、増収増益予想でした。

同社は２０１４年にマザーズに上場。本社は大阪市にあり、株価は１２００円前後で推移しています。今後の動きに要注目です。

注目銘柄7 CARTA HOLDINGS（3688）
2021年は増収増益予想。増配も好材料に

ネット広告関連の最後は、CARTA HOLDINGS（3688）です。

同社はネット広告専業の会社で、今回のテーマにズバリ当てはまります。2021年度は増収増益予想。さらに20年から大きく増配されている点にも注目しました。

次ページの図は同社の3年間の営業利益の推移ですが、一貫して伸びているのがアドプラットフォーム事業です。

アドプラットフォーム事業では、広告主向けにプロモーションの最適化を図るサービス等を提供しています。

2018年度の営業利益9億2700万円から20年には21億5600万円と、**わず**

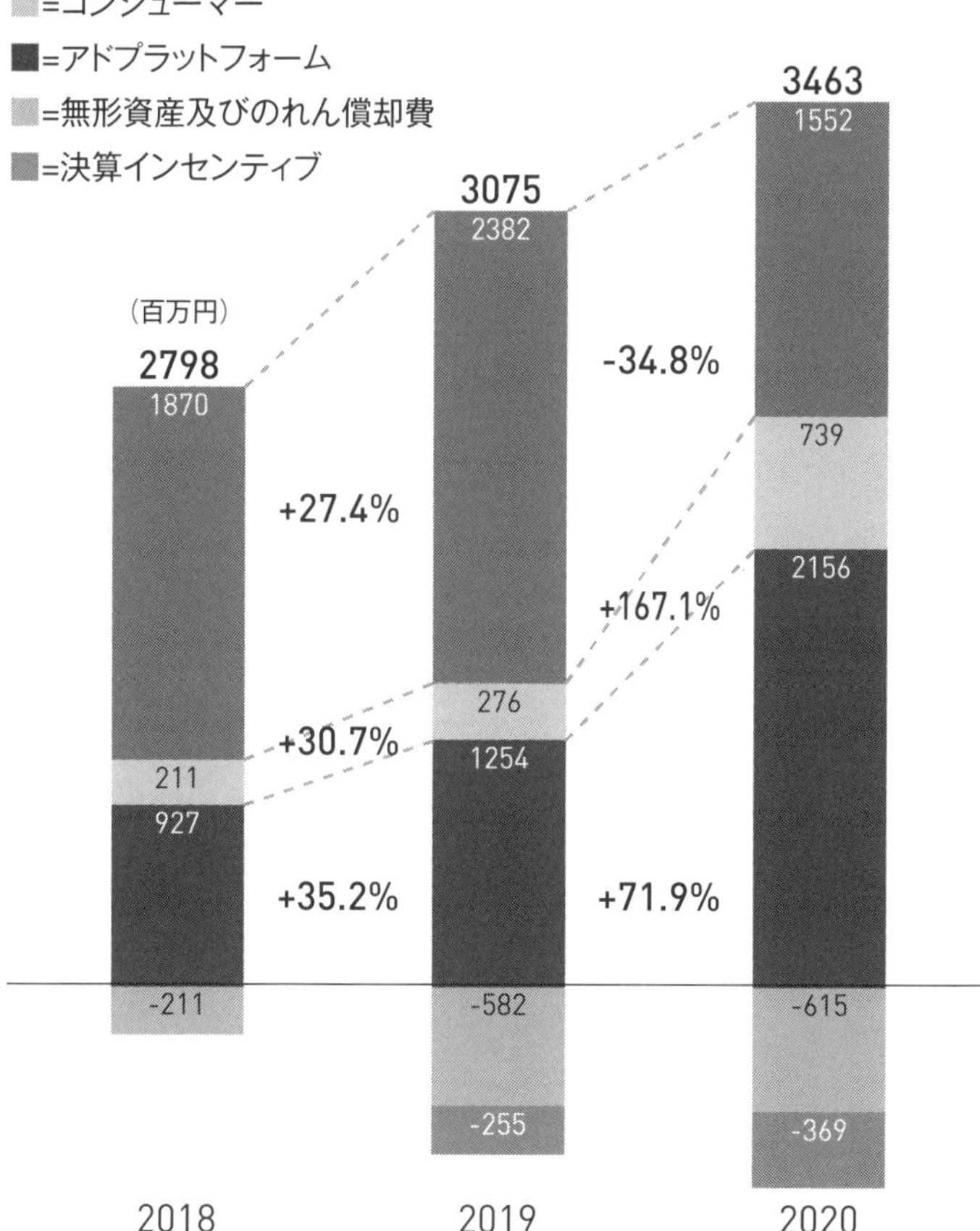

アドプラットフォーム事業は２年で２倍以上成長し、稼ぎ頭に！

か2年で2倍以上に成長し、今では稼ぎ頭となりました。

また、2021年は純利益で24億円予想と過去最高益を目指しています。

他にも同社に注目したのが**配当金**です。

2019年までは10円～20円と低水準でしたが、20年より1株配当金が一気に3倍となる48円に増加しました。この背景には**株主還元方針の変更**があります。

同社の株主還元は、従来は連結配当性向25%を基準にしていましたが、配当性向は利益に配当金が左右されるというデメリットがあります。

配当金が一気に3倍に増配!

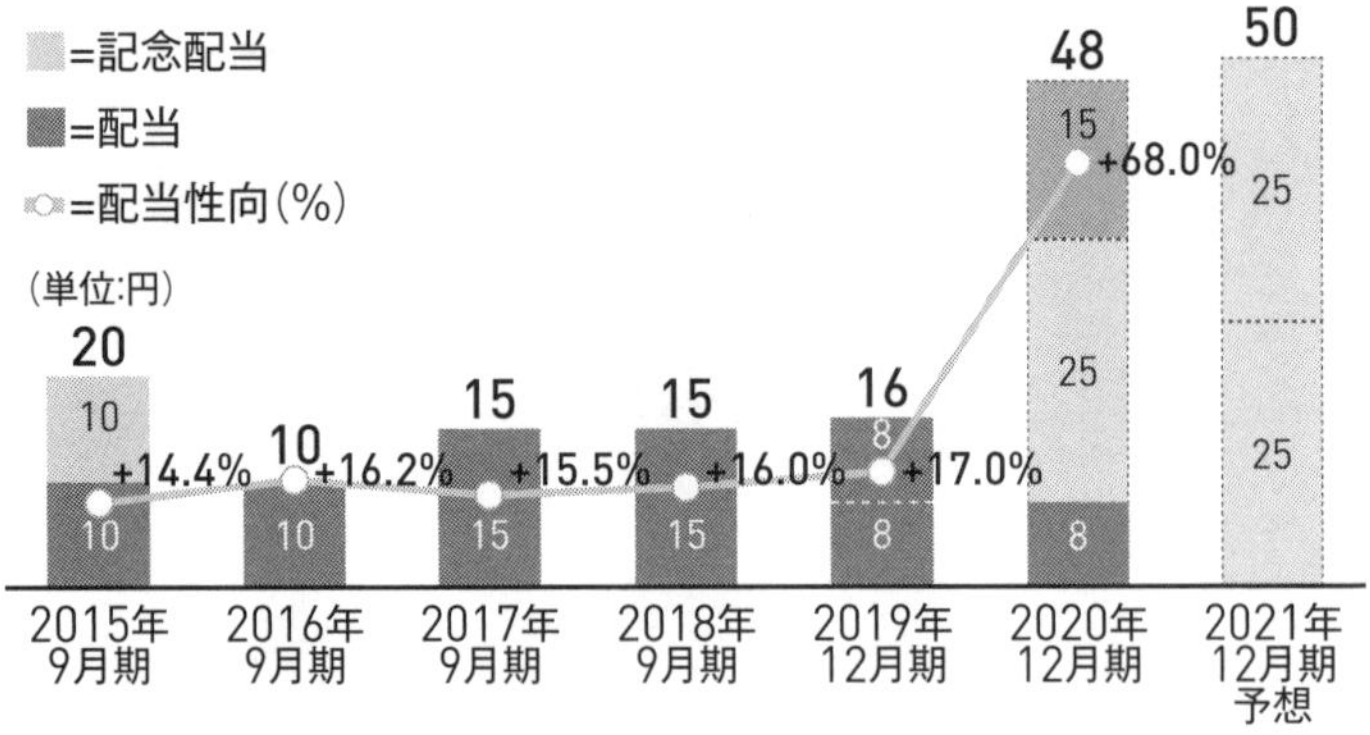

■=記念配当
■=配当
○=配当性向(%)
(単位:円)

	2015年9月期	2016年9月期	2017年9月期	2018年9月期	2019年12月期	2020年12月期	2021年12月期予想
合計	20	10	15	15	16	48	50
記念配当	10					15	25
配当	10	10	15	15	8 / 8	25 / 8	25
配当性向	+14.4%	+16.2%	+15.5%	+16.0%	+17.0%	+68.0%	

期末配当25円／株、上場再承認の記念配当15円／株を出し、中間配当と合わせて48円／株に

そこで、新たにDOE5%を目安にすることに変更しました。

DOEとは株主資本に対する配当金の割合を示す指標です。株主資本は安定しているため、DOEを基準にすると配当金も安定するというメリットがあります。

CARTA HOLDINGSは、小型成長株であり、かつ配当利回りも高い高配当株という点から着目しました。

次世代産業4

巣ごもり需要

コロナが収束した後もまだ需要は続く

コロナ禍により、自宅で過ごす時間が増えました。それに対応して業績を伸ばしたのが、ゲーム業界です。

例えば任天堂(7974)の2020年3月の安値は3万3220円でしたが、巣ごもり消費により同社のゲーム機需要は急増。**株価は安値から1年かからず6万9830円まで高騰しました。**

もう巣ごもりはうんざり、という声も聞こえてきますが、外出せずに欲しいものが手に入るネットショッピングやEC分野はコロナ禍で着実に成長しており、その利便性を味わった人たちはコロナが収束した後も、こうしたサービスを利用することが見込まれます。

では具体的にどんな企業が成長するのか。ここでは2つ紹介します。

注目銘柄8
関通(9326)
配送荷物が増加中！ 高成長は続く見込み

関通は、EC、通販向けに物流や在庫管理、配送センター代行や生産性向上など、各種物流支援サービスを行う会社です。巣ごもり需要も取り込んで、今取り扱い数量が大きく増加しています。

月額出荷数を比較すると、**平均して3割程度増加しています**。例えば34期(2019年)8月の約50万個に対して、35期(2020年)の8月は81万個。同12月で見ると、約74万個から112万個へ増えています。前年割れとなった月は一度もありませんでした。

2021年2月期の実績は、売上高で前年比30・5%増の95億3000万円、営業利益は43・5%増加の4億1800万円。22年2月期の業績見通しも明るく、売上高は12・9%増加の107億5600万円、営業利益は60・4%増加の6億7000万円で、これまでの高成長が継続する予想が出ています。

2022年2月期は兵庫県に2つの物流センターを新設することが決定しています。**関西圏の物流施設の空室率は1~2・5%と非常に低く、貸す側に有利な状況です。**外部環境は良いですし、一顧客からの売上規模は2年前の約26億円から最新決算では60億円と年々拡大しています。

さらに同社の顧客はアパレル、医薬化粧品、雑貨、食品など多様な業種に分散されています。また顧客の約半分が契約年数4年以上であることから、手堅い顧客基盤を持つことがわかるため、業績の大幅下落というシナリオは考えにくいと見ています。

最後に同社の中期経営計画ですが、最終年度の2024年2月期の目標は売上高が

153700万円、営業利益は10億9500万円です。この数字は21年2月期に対して、売上高で約42%増、営業利益で261%増加ということになります。

高い目標ですが、そのために「**大型冷凍冷蔵倉庫の新設**」「**ITベンダーとしての躍進**」「**ラストワンマイルのサービス構築**」の3つの施策を掲げています。

日本における配送荷物個数は、だいたい年1億個ペースで増えています。目標の利益数字が実現した場合、株価はもちろん上方向に大きく伸びていくだろうと予想しています。

注目銘柄9
STIフードホールディングス(2932)
2020年に新規上場！ セブンイレブン向けが売上げの8割

同社は焼き魚やおにぎりの製造など、いわゆる惣菜を扱う食品メーカーで、2020年9月に新規上場した会社です。セブンイレブン向けが売上げの8割を超えており、上場から株価は上昇基調となっております。

最新決算では、おにぎりの販売は低下したものの、巣ごもり需要の影響などによりサバや銀鮭など定番商品である焼魚や、カップサラダ製品などのチルド惣菜製品の販売が堅調に推移しました。

それにより、2022年2月期1Q(21年3月から5月)決算は売上高59億5000万円、純利益は3億3000万円となりました。前期は未上場だったため前年比較はできませんが、通期純利益予想に対する進捗率は早くも30%に達しました。

今後の成長戦略は「グローバル展開や販売チャネルの拡大」「収益性の向上」を掲げています。

配当金などの株主還元についても積極的で、2021年12月期は昨年より5円増配の45円を予想。株主優待も100株保有で、3000円相当の株主限定商品が進呈されます。

セブンイレブン向けが8割以上を占め、収益が偏るリスクはありますが、惣菜市場は年々拡大しており、2014年の9・2兆円から17年には10兆円を突破。業界全体は成長基調にあります。

私もセブンイレブンをよく使っています。「カップデリ」など今までなかったものが、次々に陳列されているのを見ると、同社の業績好調の理由がわかります。

次世代産業5

2025年問題

団塊世代が後期高齢者になることで生まれるビジネスチャンス

2025年問題をご存じでしょうか?

1章でも前述しましたが、第一次ベビーブームに生まれた団塊世代が後期高齢者に達し、社会保障費の急増が懸念される問題のことです。25年に後期高齢者人口が2200万人に膨れ上がり、成人の4人に1人が75歳以上になります。

そのため医療費や介護、年金など社会保障費はますます膨らむでしょう。

さらに2042年には高齢者人口がピークを迎えます。現在よりも約600万人増えて4000万人になると試算されています。

団塊世代が後期高齢者になることで生まれるビジネスチャンスとは？　私がとくに注目する銘柄を一つ紹介します。

注目銘柄10
鎌倉新書（6184）
「終活」を不安なく行うための場をネット上に提供

2025年問題で注目しているのが、鎌倉新書（6184）です。

いわゆる**高齢者の終活とネットを組み合わせたビジネスモデル**を展開しています。

具体的には、「いい葬儀」「いいお墓」「いい仏壇」の3つのポータルサイト運営が主力事業で、葬儀や仏壇等の見積もり比較サイトを運営しています。

普段から葬儀について準備している人はあまりいないため、いざ身に降りかかったときに、費用はいくらかかるのか、誰に頼めばいいのか、わからないことが次々に出てきます。

葬儀事業社にとっては相談に乗るチャンスですが、一部の事業社による不明瞭な料金体系や高額な葬儀費用への不信感があり、集客に苦労している面があります。

鎌倉新書は、葬儀について相談したい人と、事業社をつなぐ場を提供しているのです。

同社が伸びている背景には、この業界が長年の慣習でインターネットを効果的に活用してこなかったことがあります。

同社はネットを積極的に活用し、**２０１６年１月期決算時の売上高11億４７００万円から、21年１月期は32億３８００万円まで増やす**ことに成功しています。

21年期はコロナ禍の影響を受け、利益は減少しました。葬儀は人が集まるため規模を縮小するケースが多かったようです。しかし、22年２月期の純利益予想は５億円と、前年対比で２倍以上の成長を見込んでいます。


さらに同社の２０３０年度の成長目標によると、売上高で現状の10倍近くになる３００億円程度、営業利益で１００億円以上というプランを掲げています。

これほど大きな目標を掲げているのは、**葬儀業界全体に対する同社のシェアがまだまだ小さい**からだと思われます。

２０１９年７月末時点で、墓分野で全体のわずか２・７％、葬儀は０・５％程度しかなく、伸びしろが十分あると見ています。

さらに新たな材料として「いい相続」というサービスがスタートしました。お葬式が終わると、次はだいたい相続問題に直面します。相続についても初めて経験する人が多く、わからないことだらけなので、その相談需要を獲得していこうとするものです。

今後死亡者数は2040年まで増加していき、同年の年間死亡者数は170万人になると試算されています。

人の死を業績予想に使うのは不謹慎との批判もあるでしょうが、同社の仕組みが広まることで、葬儀に関する悩みや不安が解消されるのは有難いことだと私は考えています。

同社は2015年に東証一部に上場。株価は1000円前後で推移しています。

次世代産業6

介護転職

介護人材の不足を解消するサービスに商機

厚生労働省は、**他業種から介護や障害福祉の職に就く人を支援する新制度を始めるようです。**この支援制度がかなり太っ腹なので驚きました。

資格取得までの研修費用に加え、生活資金を支給し、就職前に20万円を貸し出します。その20万円は2年就労すれば返済を免除するという破格の条件です。

こうした好条件の背景には、前述した2025年問題をはじめ、介護業界の人手不足を解決したい、コロナによる解雇の受け皿にしたいという思惑があるようです。

介護職の人材不足は深刻であり、介護関係職種の有効求人倍率は3・8倍、東京都は6・4倍に達します。

この数字は、ハローワークの求人数を求職者で割って算出します。企業の求人10人に対し求職者が20人の場合、求人倍率は10÷20=0・5倍になります。

介護サービスは3倍を超えているため、企業側の求人数に対して求職者の申込みが極端に少ないことがわかります。**2025年には34万人の介護人材が不足すると見られています。**

一方で、2020年以降は観光や外食業など、コロナで大打撃を受けた業界を中心に解雇や雇い止めが多発しました。その数は8万人近くになったと言われます。2020年に早期退職者を募集した上場企業は90社にも達したようです。

職を求める人たちの選択肢に、介護サービスを入れてもらうため、手厚い転職制度を始めようとしているのでしょう。

注目銘柄11

エス・エム・エス(2175)

「カイポケ」で介護人材をサポート!　17期連続増収増益

新制度が始まれば、介護職の人材が増えることが予想されます。関連銘柄として最初に注目したいのがエス・エム・エス(2175)です。

同社は介護医療業界に特化した人材紹介、求人広告を展開。**創業以来17期連続増収増益を続けています。**

介護事業では経営支援プラットフォーム「**カイポケ**」を通じ、各種サービスを提供し、求人サービスもあります。

カイポケは介護業界で多く使われている介護ソフトの一つで、主にタブレットを使って業務効率や生産性を上げる役割を担っています。

また、カイポケを使うことで、サービスを受ける側もこれまで以上に質の高い介護や医療を受けられるという恩恵もあります。

カイポケを導入している会社は2020年月末時点で2万9000事業所以上あります。

エス・エム・エスは2019年に保育士向け人材紹介事業に参入しました。今後も継続的に他の職種に参入する方針で、看護師や介護職に続く有望市場への進出が期待されます。同社は小型株というより中・大型株に属しますが、伸びしろなどを勘案して取り上げました。

注目銘柄12

セントケア・ホールディングス（2374）

看護、入浴サービスを提供。新規拠点を続々開設中

続いて注目するのは、セントケア・ホールディングス（2374）です。

同社は介護や看護、入浴などのサービスを訪問形式で提供しています。

2020年3月期は新規拠点を30か所開設し、21年3月期も17か所を開設するプランであり、利益も前年比2倍以上という好業績です。

決算資料では重点課題の一つとして、労働環境の改善、採用活動の積極化を掲げていました。

これらは冒頭で述べた新制度導入により、改善が進むことが期待されます。

注目銘柄13

エーザイ（4523）

認知症の薬を開発。うまくいったときの株価に注目

最後は、エーザイ（4523）です。

同社に注目したのは、**アルツハイマー型認知症薬の開発を続けている**点です。

高齢化により、認知症は社会問題になっています。

2012年時点での認知症高齢者は軽度者を含め462万人でしたが、25年には730万人になると試算されています。

そんな中、2020年12月10日、エーザイが初めての認知症治療薬を日本で申請し、21年に承認されました。

その後株価は急伸しましたが、今後は業績への反映や株式分割など、新たな材料により株価も反応するだろうと見ています。小型株ではありませんが、期待の大きさを踏まえて取り上げました。

次世代産業7

副業解禁

副業を始める人向けの新サービスにチャンスあり

成長企業が生まれるテーマとして、注目しているのが副業です。

近年、アサヒビールやみずほファイナンシャルグループなど、大企業の副業解禁が相次ぎました。

政府による副業解禁に始まり、コロナ禍でのテレワークの推進、週休3日制の検討など、今ビジネスパーソンの働き方は過渡期を迎えていると思います。

筆者自身もサラリーマン時代、あまりに給料が安かったため、このままでは結婚もできないと焦り、投資を始めるのと平行して副業にも取り組みました。そのときに勉強したことが今のYouTubeなどの仕事にも活きています。

かつての私のように、副業を始める人をサポートする企業を2つ紹介しましょう。

注目銘柄14・15

クラウドワークス(3900)ランサーズ(4484)

リモートワークの継続で副業人口はますます増える!?

副業をするビジネスパーソンが増えることで恩恵を受ける銘柄が、クラウドワークス(3900)とランサーズ(4484)です。

両社はともにネット上の人材マッチング事業を行っており、**仕事を外注したい企業に、受注したい個人をあっせんしています。**

受注したい個人は副業として、企業から受けた仕事に取り組み、報酬を受け取ることができます。

この分野の取扱高は、クラウドワークスが1位でランサーズが2位です。2020年度の総契約額は前者が152億円、後者が81億円でした。

クラウドワークス内で受注を受ける人(フリーランス等)は、424万人が在籍しており、発注する側のクライアント企業は69万社が登録しています。

また2社とも、2020年の赤字決算から一転、21年度は黒字予想を出しています。コロナが収束した後も、多くの企業がリモートワークを継続利用するとの意向を示しており、空いた時間を使って副業をする流れは今後も続くものと考えられます。

一方、両社を利用するフリーランスの人たちにとって朗報なのが、2021年の3月に国が「フリーランスとして安心して働ける環境を整備するためのガイドライン」を公表したことです。

以前は立場の弱いフリーランスと企業との間でトラブルがよく起きていましたが、ガイドラインにより、事業者とフリーランスの取引が改善されれば、フリーランス人口が増え、クラウドワークスやランサーズのような企業の業績向上につながることも期待されます。

次世代産業8

半導体不足

需要増で生産が追いつかない状態に

最近、半導体が不足しているというニュースをよく見聞きします。私が最初に見たのはホンダ車向けの半導体が調達できないことから、主力車種でもあるフィットを減産するという報道でした。

足りないなら生産を増やせばいいわけですが、**半導体の製造工程は数百から成るため、発注から納品に至るまでに2か月以上かかるそうです。**

発注側は注文数を大幅に引き上げており、半導体メーカー側の増産が追いつかない事態となっています。

この状況は、2021年中は続くと報道されており、関連銘柄に注目が集まっています。

注目銘柄16

ルネサスエレクトロニクス(6723)

車載用マイコンは世界トップクラスの実績!

半導体不足によりにわかに注目を集めているのが、半導体メーカーのルネサスエレクトロニクス(6723)です。

車載用マイコンで世界トップクラスの実績があり、半導体不足の恩恵を受けると予想しました。

同社については、車の走行を制御するマイコンの値上げを要請しているという報道もありました。

2021年3月、那珂工場で火災が発生し、一部生産を停止していました。

当初、火災前の出荷量まで戻るには3~4か月かかると見通しされたのですが、約1か月で生産再開となりました。

注目銘柄17

東芝(6502)

パワー半導体に注力! 東証1部昇格が好材料に

2社目は東芝(6502)です。

同社は**電圧を制御するパワー半導体の売上げで世界7位**です。パワー半導体とは、モーターを低速から高速まで効率良く回し、安定した電源を供給する際に欠かせない部品です。

近年は省エネ、自動車では燃費効率の観点からパワー半導体の需要がより高まっています。この部品について東芝は1割~2割程度値上げする交渉に入ったようです。

東芝は2020年12月に、**23年までにパワー半導体の増産に約1000億円を投じる**と発表したばかり。

上場が延期となった子会社キオクシアも半導体銘柄です。株価が上向く好材料がまだ残っていると感じたため、小型株ではありませんが、取り上げました。

加えて、2021年に東証2部から1部への再昇格も発表されました。昇格とは、新興市場や東証2部から東証1部市場に移行することです。移行により投資家の注目度が大きくなる他、機関投資家や大口投資家などの資金流入が予想されるため、株価が上がりやすくなります。

また、日銀はETFを通じて株を大量購入します。年間の買入額は2016年に決定した6兆円から、20年は12兆円へ倍増しました。

このうちTOPIX連動型のETFの買入額が18年時点で4・2兆円。倍増したということは、20年はおそらく8・4兆円になっているかもしれません。

買い入れを続けていた日経平均株価に連動するETFの購入はストップしたため、現状は残りの12兆円もTOPIX連動型のETFを買い入れる枠となっている可能性があります。大量のETF購入により、TOPIXに組み込まれた東証1部銘柄の株価は上がりやすくなるのです。

参考までにパワー半導体の売上げは、上位に日本企業が多く、**5位に三菱電機（6503）、6位ローム（6963）、7位に東芝、8位に前出のルネサスエレクトロ**

ニクス（**6723**）、**9位に富士電機**（**6504**）がランクインしています。値上げ要請しているのは東芝だけではないはずです。

このように、半導体関連銘柄は好材料が多いですが、注意すべきことがあります。半導体は需要が景気に左右されやすい商品です。株価も需要を先取りした値動きをすることが多く、株価の変動サイクルが短く、流れも一方的という特徴があります。長期保有してゆっくり果実を待つという種類の銘柄ではなく、ある程度利益が乗れば確定売りをした方がよいと私は考えています。

次世代産業9

バリュー株の逆襲

放置されていた株の逆転上昇に注目

コロナ感染拡大に見舞われた2020年は、仕事のやり方や生活様式、消費活動などが大きく変化し、新しい常態＝ニューノーマルに対応できる成長株が大きく上昇しました。

反面、割安株や資産株などのいわゆる**バリュー株のパフォーマンスは低迷しました。**

バリュー株が軽視された背景には、いくつかの要因があります。

コロナによるリモートワークの浸透もあり、不動産の価値が下落し、「負」動産になったこと。低金利や金融緩和の長期化により、保有資産の利益創出能力が低下したこと等です。これらがバリュー株の代表銘柄でもある銀行株のパフォーマンス低下につながりました。

しかし、**コロナワクチンの接種**

バリュー指数とグロース指数の値動き比較

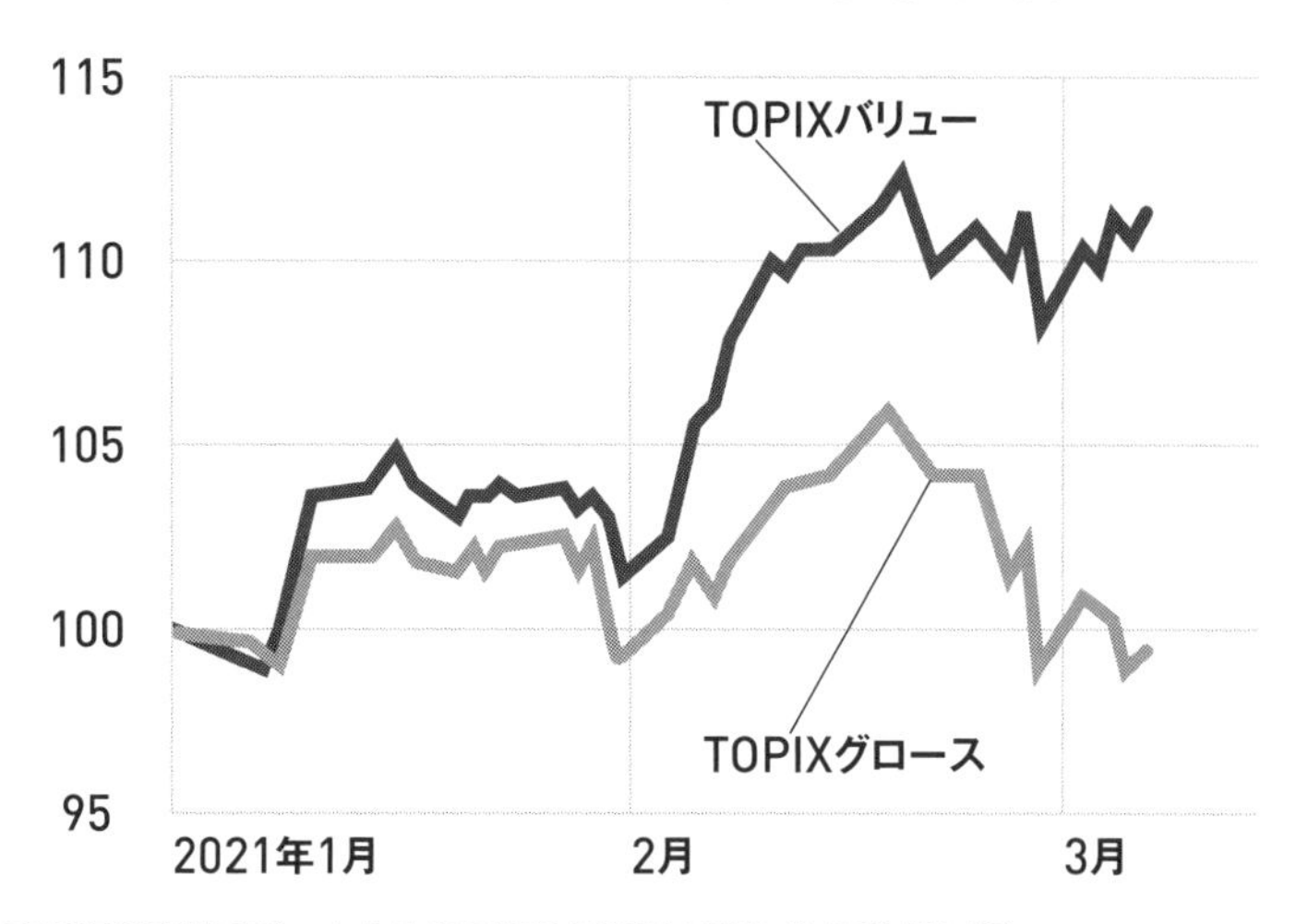

東京証券取引所データより楽天証券経済研究所作成（編集部加筆）

が進み、経済活動が元の状態に戻っていけば、再びバリュー株に脚光が当たるはずです。

すでにその兆候があり、数字にも表れています。

前ページの図を見てください。

このグラフは楽天証券経済研究所が作成した**TOPIXバリュー指数とTOPIXグロース指数の値動きを比較したもの**です。

TOPIXバリューは、2020年末に比べて3月5日時点で10％以上上昇していますが、TOPIXグロースは100を割っています。バリュー株が持ち直し、回復基調にあることがわかります。

この章の最後は、いわゆる成長株とは対極にあるバリュー株の、反転上昇という成長を狙っていきます。

なお、「資産」を中心に注目しているため、大型株寄りのピックアップになっています。

注目銘柄18

高島屋(8233)

総資産1・2兆円に対し時価総額2000億円は割安

バリュー株の1社目は高島屋(8233)です。

皆さんもご存知のように、全国の大都市を中心に百貨店を展開する老舗の企業であり、本社は大阪です。東京日本橋、横浜、大阪難波などの一等地に大規模な店舗があります。

近年、百貨店の昔ながらの接客サービスは時代に合わなくなっており、苦境が続いていました。そこにコロナウイルスの感染拡大が追い討ちとなり、売上げは大きく減少しました。

最初の緊急事態宣言が出された2020年4月度は前年比で75%減少。**なかでもインバウンド需要のウエイトが大きかった大阪店は約85%減となりました。**

5月以降も需要激減は続き、21年2月期決算は339億円の赤字に。しかし21年に入りようやく挽回に転じつつあります。

コロナウイルスの影響を受け始めた2020年2月から1年以上が経ち、3〜5月は売上げが前年比でプラスに転じています。

さらに同社の店舗は大都市の一等地にあります。財務諸表を確認すると、同社の総資産は約1・2兆円ですが、株価が大きく売られたため時価総額は2000億円を少し上回る程度しかないのです。

2021年7月時点でも株価は1200円台前半で、17〜18年に2000円を超えていたときと比較したら、手が出しやすい株価水準ではないでしょうか。

また、赤字に転落しても配当金は24円を維持しており、株主優待制度も継続しています。

コロナが収まっていけば、買い物自粛のリバウンドも予想され、来期は黒字回復シナリオも考えられます。

注目銘柄19

コーエーテクモホールディングス（3635）

投資の収益が利益の4割！ 隠れた資産に注目

続いてのバリュー株は、コーエーテクモホールディングス（3635）です。

同社の主力産業は、「三国志」や「信長の野望」などゲームソフト開発やオンラインゲームですが、じつは意外な隠れ資産があります。それは、手元資金を株式などで運用する**機関投資家としての一面です。**

日本経済新聞の記事によると、同社の代表取締役でもある襟川恵子会長が1200億円という巨額のお金を運用しているとか。

投資対象は日本や米国、香港の株や仕組み債を中心に投資し、投資ウエイトは株式で約5割。

注目しているのは米国株で、GAFAは昔から保有し，人工知能（AI）やIoT、クラウド、セキュリティーなど先端分野にも注目しているとのことでした。

投資による運用益も大きく、**2021年3Qの同社の純利益222億円のうち、営**

業外収益として投資有価証券売却益は70億円、デリバティブ評価益18億円が計上されています。

これは利益の4割が投資リターンということです。指標面では割安株ではないものの、同社の隠れた資産に注目し、取り上げました。

注目銘柄20

三菱地所(8802)

2028年に日本一の高層ビルが完成! 株主還元も好材料

三菱地所(8802)は三菱グループの総合不動産会社です。

東京の中心である丸の内エリアで賃貸不動産を多数所有しています。丸の内ビルディング、新丸の内ビルディングを筆頭に、丸の内オアゾやパークビルディング、JPタワーなど、東京駅徒歩圏に数多くの物件を所有あるいは賃貸しています。

今後も新たな不動産を建設する計画があり、2028年竣工予定のTorch Towerは高さ390メートルを誇り、日本一の高層ビルとなります。

不動産にも株と同じく、含み益や含み損があります。

楽天証券経済研究所がまとめた資料によると、**含み益が多い企業ランキングで三菱地所は第1位となっており、含み益は2019年3月時点で3兆8900億円ありました。**それに対し時価総額は2兆7200億円ですから、ひと目でバリュー株とわかります。

簿価(取得時の価値)で計算したPBRは1・5倍あたりですが、時価で計算すると割安株に分類されます。

そして同社には**2030年を目標とした長期経営計画があります。最終年度のEPS＝1株利益は200円を目標としています。**

20年度のEPSが108円だったので、ここから利益を2倍にする計画です。同時に株主還元にも力を入れていく方針で、「配当性向30%程度＋自社株買い」と記載されています。

2015年の配当金14円から20年には33円へ、2倍以上に増加。また19年に

1000億円の自社株買いも発表しました。

これらを有言実行しているため、今後も資産価値の向上とともに、株価も見直されていきそうな楽しみな会社です。

3章

Chapter03

次の大化け小型株は
この「政策テーマ」から
誕生する

小資金で大化け株を掴む政策テーマとは?

3章は「**政策テーマ**」に関連して成長する小型株を挙げていきます。

相場格言の一つに「**政策に売りなし**」という言葉がありますが、新しく政策として打ち出されたテーマに関連する企業は、今後大きく需要が増加すると思われるため、株価が上昇しやすくなります。

政策テーマというと、一見、関係するのは大企業が中心で、時価総額の小さい小型株は蚊帳の外というイメージがあるかもしれません。

しかし、2章のときと同様、むしろ小型株が活躍する場であるとも言えます。

なぜなら、一つの政策テーマが誕生すると、そこに新しいニーズや需要が生まれます。その需要を取り込もうとして、新規参入する企業が増えるからです。

そのなかには、今はまだ知名度は低いけれど、将来大きく羽ばたく可能性をもつ小型株がたくさんあります。

ここでは6つの政策テーマについて、順に紹介していきます。

政策テーマ1

デジタル庁創設

「GIGAスクール構想」で関連企業の成長に注目

菅総理はDX(デジタルトランスフォーメーション)による行政のデジタル化に取り組んでいます。この構想で注目されたのがデジタル庁の創設です。

これまで**行政手続きは署名やハンコなどの押印が必須**でした。様々なものがデジタル化されているのに、お役所では旧態依然としたアナログ手法が採られていました。こうした非効率的な習慣をやめ、業務の効率化を図ることが創設の目的です。

デジタル庁設置は、菅総理が最優先課題として位置づけており、重点的に予算措置する方針です。全省庁のシステム統一の他、身近なところではマイナンバーカードの普及推進や健康保険証や免許証など様々な規格を統合する方針です。

国が行政のデジタル化を進めることにより、その影響は様々な分野に波及するでしょう。

例えば、現在進んでいるのがオンライン授業などの**ＩＣＴ教育**です。ＩＣＴとは情報通信技術のことで、教育現場に情報通信技術を活用する取り組みを指します。平たく言えば、パソコンやタブレットを使った授業もＩＣＴ教育の一例です。もともと２０１９年から５年をかけてＩＣＴ教育を進めていく予定でしたが、20年に入りコロナウイルスが大流行し、数か月に渡って休校が続きました。

そのため急いでＩＣＴ教育を実践しようと試みたのですが、休校中にオンライン授業を行った公立学校は、全体のわずか５％でした。オンライン授業をやりたくても、多くの教育現場でＩＣＴ環境が整っていなかったのです。

日経新聞電子版によると、**ＩＣＴ関連企業のＯＢらを学校に最大で９０００人派遣し、全教員がオンライン授業を実施できるよう**早急に対応すると言います。

２０２０年４月に閣議決定された政府の感染症緊急経済対策では、23年度までに１人１台の端末を整備する方針が示され、補正予算案に約２３００億円が計上されました。

これは「**ＧＩＧＡスクール構想**」と呼ばれ、**９５０万台のパソコン需要が見込まれる**と試算されています。ＧＩＧＡスクール構想とは、１人１台の端末と、学校に高速通信ネットワークを整備する政策のことです。コロナの影響でICT授業の計画が前倒しで進められています。

注目銘柄21

ワコム(6727)

ペン入力が強み! ICT教育の恩恵を受ける

ICT教育、GIGAスクール構想の恩恵を受けると予想しているのが、ワコム(6727)です。

同社は、描画用のペン入力タブレットやデジタルペンを開発、販売する会社です。ペンタブレット市場では世界シェア9割を誇ります。

私はワコムをこの政策テーマにおける本命株としています。

同社の強みは、**ペン入力ができること**です。読者の皆さんも覚えがあるかもしれませんが、社会人になると仕事でパソコンを使う機会が増えるため、いざ漢字を書こうとすると書けなかったり、誤字が増えたりするでしょう。

デジタル機器を活用した教育の場合も同様で、手書き学習が減少すると、書く力や思考力、表現力などの低下にもつながることが懸念されます。

そのためタブレットに直接書き込めるペンタブレットや、デジタルペンの需要は着実に伸びていくと考えられます。

また、ワコムの製品は**ホワイトボード機能**が使えます。

これは文字通り、黒板やノートに鉛筆で書くように、直接ペンタブレットから書き込むことができる機能です。

そのため表現やアイデアを絵などで伝えることも可能です。タブレットを活発な意見交換の場にすることができます。文字や線の書き込み、注釈、追記を直接行えるなど、対面授業に近い形でオンライン授業ができるのは強みです。

2021年7月現在の同社の株価は6000円台ですので、7万円あれば100株投資できます。お手ごろな価格も魅力です。

注目銘柄22

チエル(3933)

2021年に業績の上方修正を発表！　上り調子に期待

他にもICT関連で強い銘柄があります。チエル(3933)です。

学校教育向けICT事業を柱として、教育用ソフトウェア、ICTでの学習・コミュニケーション支援の他、ネットワークおよびシステムの企画・研究開発などを行う会社ですが、環境が良い方向へ大きく変化しています。

同社の決算資料をチェックしたところ、無線LAN整備関連製品や学習管理システムの引き合いが急増し、**2021年2Qの最新決算では上方修正も同時に発表しました。**

今後も学習ソフトや大学向けオンライン授業支援システムなど、新たな取り込み策を提案しています。

2016年JASDAQ上場銘柄であり、株価は1000円ちょっとですからお手頃でもあります。

注目銘柄23

弁護士ドットコム（6027）

脱ハンコのクラウドサインが急伸！　今後の拡大に期待

デジタル庁創設の目的は、行政のデジタル化にあることは冒頭で説明した通りです。デジタル化の象徴は「**脱ハンコ**」でしょう。この政策で投資家に注目されている会社が、弁護士ドットコム（6027）です。

同社のビジネスモデルをわかりやすく言うと、マッチングサービスです。法的トラブルを抱えており、弁護士に依頼したいユーザーと、相談内容を解決するのに最適な弁護士をつなぐサイト「弁護士ドットコム」を運営しています。

日本では法的トラブルが生じたときに、弁護士に相談するという文化がなく、仮に相談すると高額な料金が発生するというイメージがあります。

同社のサイト「弁護士ドットコム」では、相談の敷居を下げるために、他のユーザーの相談内容やトラブル事例を閲覧することができます。

閲覧するには有料会員になる必要がありますが、**月額料金は300円（税抜）と手ごろな値段です。**

少しでも早くトラブルを解決したい人と、その分野に強い弁護士を繋ぐ接点として、このサービスは非常に重宝されています。

同社はウェブ上での弁護士向け営業支援も行っており、有料登録弁護士数は着実に増えています。

そして同社の事業で2020年以降、急激に伸びているのがクラウドサインです。

クラウドサインは、**弁護士監修による電子契約サービス**です。ハンコを押すことなく契約が完結する新しい仕組みです。

これまで契約書を取り交わす際は、まず印紙を貼り、書類を作成。署名をして押印したものを相手に郵送していました。

そして相手も同じように手続きをして送り返します。手間とお金がかかることを、当たり前のようにやっていたわけです。

しかしクラウドサインは、これまで必須だった押印や印紙がなくても、今までの契

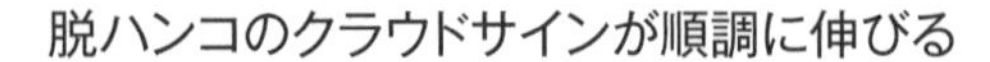

脱ハンコのクラウドサインが順調に伸びる

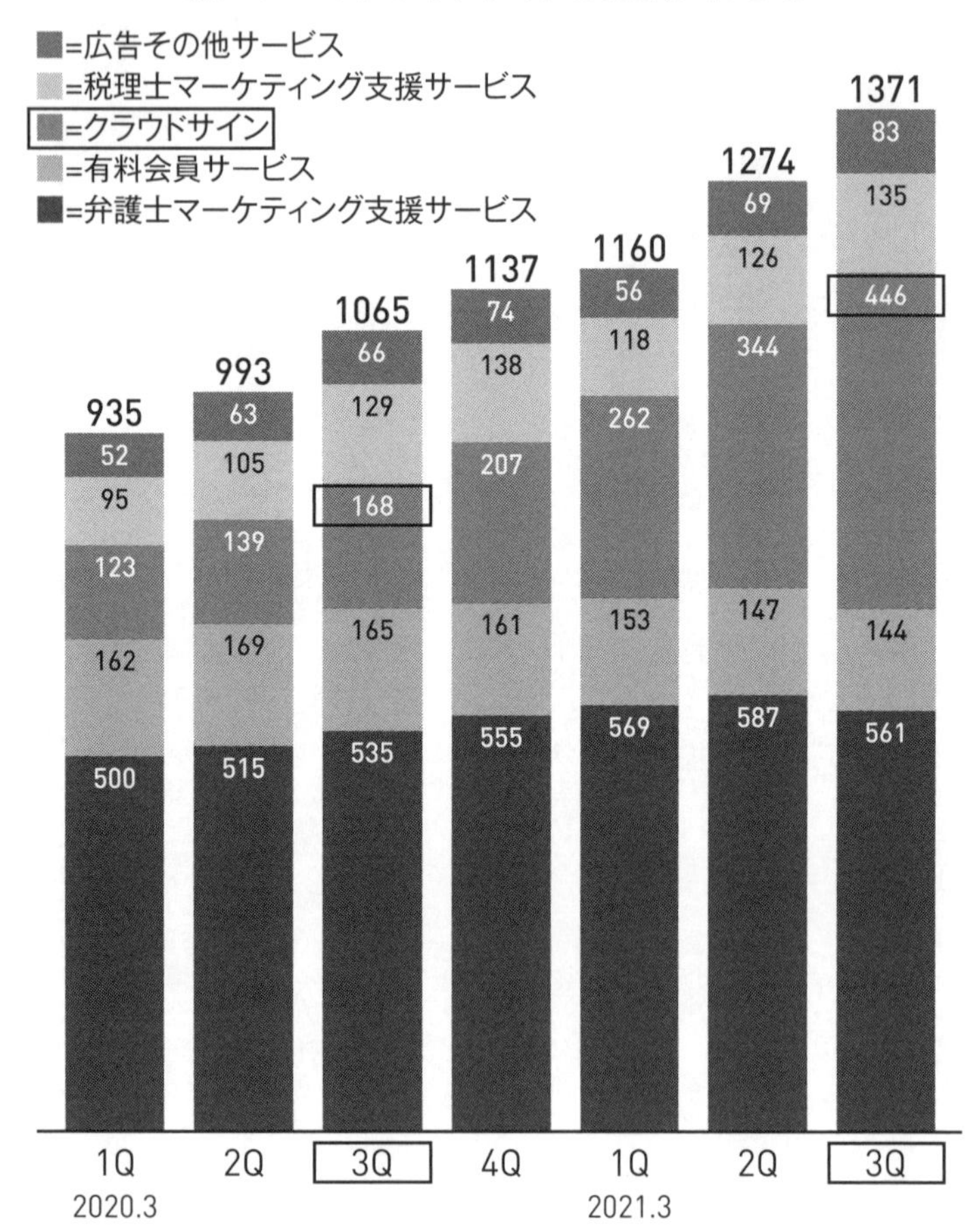

直近３年で最も伸びたのが、クラウドサイン事業。弁護士マーケティング支援に迫る勢いで伸びている

約書と同じように法的な拘束力を持たせ、ネット上だけでやりとりが完結するようにした点で画期的でした。

私もそのサービスを使ったことがありますが、契約が締結されるまでの時間がだいぶ短縮され、しかも郵送料などのコスト削減効果まであり、驚きました。面倒くさいことから解放され、精神的にもラクでした。

右の図は同社のセグメント（各事業）ごとの売上高推移ですが、最も伸びているのがクラウドサインです。

２０２０年３Q期間中の売上高１億６８００万円が、１年後の21年３Qは４億４６００万円まで拡大しています。他のセグメントが微増・微減するなかで、大幅伸長しました。

政策テーマ2

こども庁創設

子どもは国の宝。高齢者中心から子どもへシフト

デジタル庁の次は、「こども庁」です。

2021年4月、菅首相は「**子どもは国の宝だ。問題解決は政治の役割だ**」と語り、教育や福祉などを一括して所管する「こども庁」の創設に向けた強い意欲を示しました。また首相は**子どもに関わる政策が複数の省庁にまたがる**ことを指摘し、「組織のあり方を抜本から考えていくことも必要だ」と発言しました。自民党はこども庁の創設に向けて議論を進めています。

例えば未就学児の教育機関は、幼稚園は文部科学省、保育園は厚生労働省、認定こども園は内閣府と、管轄省庁がバラバラです。給付金は児童手当が内閣府、子育て世帯への給付金が厚労省となっています。

子どもが生まれると児童手当を申請します。管轄は内閣府です。その子が幼稚園に行くようになると管轄は文部科学省なので、また手続きをする必要があります。

これがこども庁に一括されれば手間がかからず、政府もコストを削減できるわけです。

子どもに関する業務を一元化することで、教育の格差問題、親からの虐待、子供同士のいじめなど、多くの課題に迅速かつ的確に対応していけるはずです。

注目銘柄24

幼児活動研究会(2152)

こども庁創設期待で株価がストップ高!

このテーマでの注目企業が幼児活動研究会(2152)です。

同社は全国の幼稚園、保育園、小学校やスポーツクラブなどで体育指導を行い、他にも幼稚園保育園の経営コンサルティングを手掛けています。

こども庁創設が材料視され、2021年4月2日、5日と2日連続で株価はストップ高となりました。こども庁は出生数の減少に歯止めをかけるため、子どもを産み、育てる環境の改善に注力するはずであり、それが同社の業績向上につながると投資家に判断されたのです。

同社の売上高を見ると、20年4月〜6月の1Qは政府の緊急事態宣言の影響で、売上高は6億1200万円と、昨年の16億4700万円から6割以上ダウンしました。経常利益も昨年の2億8700万円の黒字から4億1800万円の赤字に転落しています。

しかし、2Qは売上高が約15億1600万円、経常利益が4億7100万円と回復、以降は回復基調にあります。

ここから先についても、業績は通常運転に戻っていくと見ています。

同社はJASDAQに上場しており、株価は1000円前後で推移しています。

注目銘柄25 ピジョン（7956）

乳児、幼児用品におけるブランド力は絶大！

続いての注目銘柄はピジョンです。同社は、乳児や幼児向けの育児用品で国内トップのシェアを誇り、この業界でのブランド力は絶大です。

同社は哺乳瓶や赤ちゃん用のスキンケア、ベビーカーなど、各アイテムを展開しています。

2020年度の売上高は993億円でしたが、30年には売上高2000億円を目指すと長期ビジョンを掲げています。

ピジョンは海外にも積極的に展開しており、国内での売上高は全体の約半分ですが、それでもこども庁創設の恩恵があると見ています。

例えば、ベビーカーは売れ筋の商品でも5万円程度するものがあり、結構高額ですが、こども庁創設により補助金が出るなどの施策が打ち出されたら、ピジョンのベビーカーもこれまで以上に売れることが見込まれます。

こども庁が今後、どんな手を打ってくるかに要注目です。

注目銘柄26

ベビーカレンダー（7363）

上場したばかりのニューフェース！　すでにファン多数

2021年3月25日に新規上場したばかりのベビーカレンダーに注目しています。

主力事業は妊娠・出産・育児領域の専門サイト「ベビーカレンダー」の運営です。

同社のサイトによると、ベビーカレンダーの月刊PVは1・25億で、875万人のユニークユーザーがいるといいます。

その他に、468院が導入している産婦人科向け事業、241社が導入するウェブマーケティング事業を抱えています。

今後の成長戦略としては、本業の成長拡大はもちろん、**アンチエイジングや介護など、他の専門領域への展開を狙っています。**

まだ上場したばかりで経営計画や決算資料といった投資判断材料が少ないですが、こども庁関連銘柄としてマークしておくと面白い会社だと見ています。

政策テーマ3

EV（電気自動車）

開発途上の分野だが、うまくすれば世界シェアを握れる

数ある政策テーマの中で、市場規模やインパクトが大きいのがEV（電気自動車）です。

EVはガソリンを使わず電気で走るので、排気ガスを排出しません。**温暖化ガス排出量ゼロ**にも繋がるため、政府はEV車の普及に大変力を入れています。

日本では政府が2030年代半ばにガソリン車の販売を禁止することを目指しており、東京都では2030年までに新車販売をすべてハイブリッド車（HV）や電気自動車（EV）にする方針を発表しました。

EVの他、エンジンとモーターの2つの動力源を持つHV（ハイブリッド車）や、PHV（プラグインハイブリッド車）も、今後需要が増えていくでしょう。

現在、車を購入する際は、EV車の場合は80万円、PHV車は40万円の補助金がも

らえます。国会が補正予算で承認したためで、ＥＶ車の普及に対する政府の本気度が窺えます。

国を挙げて推進するＥＶ車ですが、ガソリン車と比べてデメリットがないわけではありません。

「ガソリン車よりも車両価格が割高」「航続距離が短い」「充電スタンドが少ない」「充電に時間がかかる」「バッテリー、電池の劣化」などの欠点が指摘されています。

車のカタログには1度の充電で４００キロ走れると書かれていますが、実際はエアコンや電装などにも電気が使われるため、そこまで走れないというオーナーの声をよく耳にします。

長距離ドライブには向かない上に、充電するにも時間がかかる。充電できる施設も限られているとなると、購入するメリットがわからなくなります。

それにもかかわらず、私が以前試乗したＥＶ車の価格は１０００万円を超えていましたから、とても割高に感じました。

ちなみに今乗っている車は、自宅から東京まで往復（約９００キロ）しても、まだガソリンに余裕がありました。

こうした問題があることは自動車メーカーも理解しており、現在の主流であるリチウムイオン電池に続く次世代電池として、「**全固体電池**」の開発に力を入れています。

全固体電池はリチウムイオン電池の一種ですが、電解質を従来の液体ではなく固体にした点に違いがあります。

リチウムイオン電池の弱点は航続距離が短いことですが、全固体電池はリチウムイオンと同じ容量でも、航続距離は数倍になると言われています。

そのため実用化すれば、ＥＶ車はガソリン車より長距離走行が可能になるかもしれません。これはものすごい技術進歩です。

小型の全固体電池はＴＤＫ（６７６２）、太陽誘電（６９７６）、村田製作所（６９８１）が量産化の準備を進めています。

富士経済によると、全固体電池の世界市場は２０３５年に２兆７８７７億円まで拡大する見通しですが、日本は開発で一歩リードしています。

今後、全固体電池の分野を日本企業が独占するようになれば、業績や株価の上昇が見込めます。

私はその中でも**村田製作所（6981）**に注目しています。

同社は中・大型株に属しますが、新技術の成長潜在力の大きさを勘案してここで紹介したいと思います。

注目銘柄27

村田製作所（6981）

EV化で積層セラミックコンデンサーの需要が急増

私は全固体電池に加えて、同社の主力製品である**積層セラミックコンデンサーの可能性**にも注目しています。

コンデンサーというのは電気を蓄えたり、逆に放出したりする、電子回路には欠かせない部品です。

積層セラミックコンデンサーはコンデンサーの中でも小型かつ大容量の、いわゆる高性能な商品になります。

この部品で世界シェア35%～40%を握っているのが村田製作所です。積層セラミックコンデンサーは主にスマートフォンや自動車に使われています。

ちなみに媒体により数は多少異なるのですが、スマートフォンの場合で1台あたり700個～1000個使われています。

自動車に至っては1台あたり少なくとも3000個。高級車になると1万個使われているとも言われています。

さらにこの積層セラミックコンデンサーがこれから急激に伸びていくだろうと推測されている分野が、EV車やHV車なのです。加えて自動運転技術の分野での利用も増加が見込まれます。


ガソリン車の1台あたりの積層セラミックコンデンサー点数は2500個から3000個程度でしたが、電気自動車になると電子部品の点数が多くなるため、コンデンサーの数も増えます。

参考までに、**電気自動車の場合、コンデンサーは大体6000個以上必要になる**と試算されています。

そのため、ガソリン車からEV車やHV車へ乗り換えが進めば進むほど、需要は増加するでしょう。

村田製作所の過去最高益は、2019年度の2069億円でしたが、21年度はそれを上回る2370億円となりました。中長期的に業績が一段上のレベルに行くポテンシャルが高いと言えるでしょう。筆者は22年以降も、最高益を連続更新すると予想しています。

注目銘柄28

日本電産(6594)

EV用のモーターシステム1000万台をめざす

続いて、電池と並ぶEV車のメイン部品である「モーター」にも注目します。

EV車のモーターは、ガソリン車のエンジンに該当する部品ですが、ここでの注目銘柄は**日本電産(6594)**です。

同社は世界首位の精密小型モーターから車載、産業用など中大型へシフトしながら、モーターという部品にとことんこだわり、成長を続けてきた企業です。

日本電産は、グループの技術を結集して、**EVの心臓部になるトラクションモータシステム「E-Axle」を製品化しました。**

車両を動かすためには、モーターの他にインバータや減速機が必要となります。日本電産ではこの3つが一体となったEV用トラクションモータシステム「E-Axle」を開発し、2019年4月から量産を開始しています。

このEV用トラクションモータシステムが順調に販売台数を伸ばし、日本電産も手ごたえを感じているようです。

量産開始から1年ですでに6車種のE

日本電産の株価チャート。2020年から1年で株価3倍に

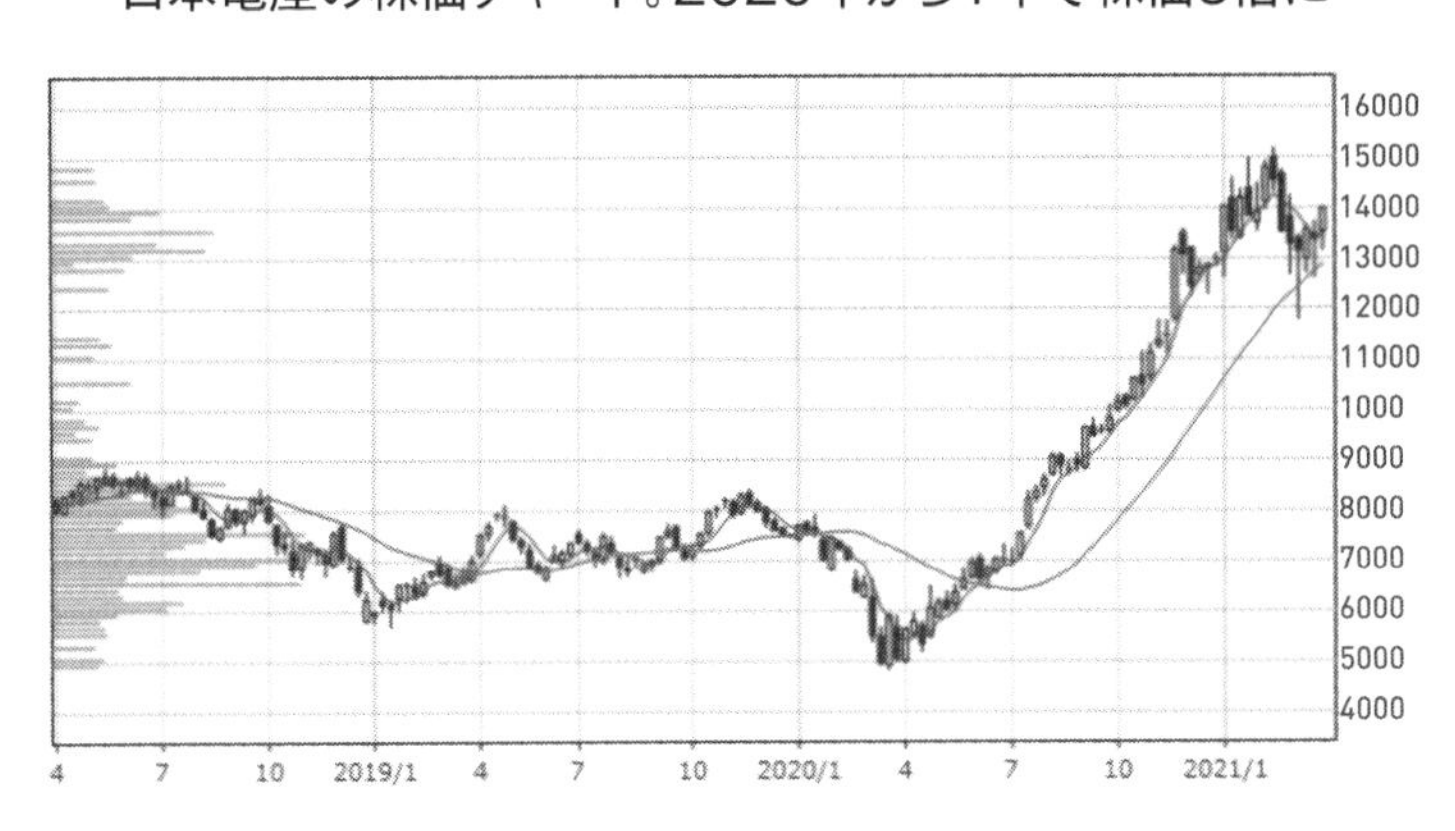

トラクションモーターで世界シェア40～45%を狙う　auカブコム証券より

Vに採用され、2020年12月時点で約10万台に搭載されています。

今後、EVの普及はさらに加速し、**2030年にE-Axleの生産台数は1000万台を超える**という計画が同社のホームページに書かれていました。

日本電産では、2030年にトラクションモータで世界シェア40～45%を獲得することを目標に掲げ、研究開発を加速し、世界各地で量産体制の構築を急いでいます。

注目銘柄29

東光高岳（6617）

急速充電スタンド分野で頭一つ抜けている

さらに、EVジャンルで連想していきます。次は**充電スタンド**です。

EV車やPHV車の普及拡大に伴い、電気の急速充電器も当然増えることが予想されます。

しかし現状は、圧倒的に充電施設が不足しています。

各家庭で充電設備を付ける以外は、スーパーマーケットなどに一部設置されているものの、ガソリンスタンドのような設備はありません。

高速道路のサービスエリアにはＥＶ車用の急速充電器が設置されていますが、目立って増えている印象はありません。

サービスエリア、パーキングエリアに設置されている急速充電器は、たった1基のみという状況もよく見かけます。

別の人が利用していれば、数十分も待つ必要があり、極めて不便です。そのため充電インフラ不足がＥＶやＰＨＶ普及の足かせとなっています。

そこで政府は、２０３０年までにＥＶの充電スタンドを現在の5倍にあたる15万基に増やすことを目指しています。

この急速充電スタンド分野で成長を期待されるのが、**東光高岳**（**６６１７**）です。

同社のＥＶ用急速充電器は、高速道路のサービスエリア・パーキングエリア、コンビニエンスストア、道の駅などに数多く設置されており、３０００台以上の国内販売実績があります。業界ではナンバー１の実績です（２０２０年3月末時点）。

今後の動向にぜひ注目してみてください。

経営コンサルティングファームのボストン コンサルティング グループは、2020年1月2日にEV車の市場予測に関するレポートを発表しています。

それによると、**25年にはEV車が世界新車販売台数の約30%を占め、30年にはガソリン車とディーゼル車の合計を超えて51%のシェアを獲得することが予想されます。**

19年の世界新車販売台数・約9200万台のうち、EV車のシェアはわずか2%程度、HVやPHV、マイルドハイブリッド車を含めてようやく10%程度でした。

それが**10年ちょっとでシェアを5倍に広げる**と予想されているわけです。

この大潮流を逃す手はないでしょう。

最後になりますが、自動車の脱ガソリン、EV化への流れは日本だけでなく、世界的な潮流となっています。

中国政府は2035年を目途に新車販売の半分をEVに、残りの半分はHV車にするという方針を発表しました。

また欧州では、15年に発覚したフォルクスワーゲンの排ガス不正問題により、英国が35年、フランスも40年までにガソリン車の販売禁止を表明しています。

2021年に欧州委員会(EC)は、ガソリン車の販売を2035年に禁止する方針を打ち出しました。

米国カリフォルニア州も20年9月にすべての乗用車を35年までにゼロ・エミッション化することを義務付ける方針を表明しています。

政策テーマ4

再生可能エネルギー

伸び続ける需要を背景に10年スパンで上昇気流に

現在、日本政府は2050年までに**温暖化ガス実質ゼロ**を掲げて取り組んでいます。CO2を多く排出する石油や石炭、天然ガスなどの「化石燃料」から、太陽光や風力、水力など「再生可能エネルギー」への転換を目指しています。

具体的には、経済産業省が**2050年には再生可能エネルギーの割合を5～6割に高める**案を示しました。

まずは30年までに再生可能エネルギーの割合を、22～24%にすることを目指すようです。

ちなみに、英国やドイツは総発電量の約4割、デンマークでは7割超を再生可能エネルギーで賄っています。

今後日本でも、エネルギー政策の大転換及び巨額のインフラ投資が行われると予想されます。

再生可能エネルギー関連銘柄は、伸び続ける需要を背景に、10年スパンで上昇気流に乗っていくでしょう。

もう一つの潮流がESGです。

ESGとは環境(Environment)、社会(Social)、ガバナンス(Governance)の頭文字を繋げた言葉で、これからの企業の成長にはこの3つが欠かせないと言われています。

とくに「E」(環境)では、前述した再生可能エネルギーの利用や、二酸化炭素排出量の削減に取り組むことが求められており、企業は今後そうした視点を軸に据えて、長期的な事業機会や事業リスクを把握する必要があります。

そして、このＥＳＧに取り組む企業に投資しようという流れが今、加速しています。いわゆる**ＥＳＧ投資**です。

実際、年金を運用している独立法人で、１７８兆円を運用するＧＰＩＦもＥＳＧ投資を行っています。

ＧＲＩＦは、１７８兆円のうち、90兆円を株式で運用し、半分を日本株、もう半分を日本以外の外国株式で運用しています。

こうした資金がＥＳＧに積極的な企業に流れることで、株価は次第に上がっていくでしょう。

ＥＳＧに内包される「再生可能エネルギー」というテーマが普及することで潤う注目銘柄を取り上げます。

注目銘柄30

ウエストホールディングス（1407）

再生可能エネルギーの波に乗って売上・利益が伸びる

このテーマの本命の一つは、ウエストホールディングス（1407）です。同社は「**再生可能エネルギー事業**」「**省エネルギー事業**」「**電力事業**」の3つの事業を展開しており、まさに今回のテーマに当てはまる企業です。

会社設立は2006年で、従業員数は48名（単独）の広島に本社のある企業です。事業内容を順に紹介していきましょう。

まずは再生可能エネルギー事業ですが、同社は太陽光発電の設備やメガソーラー発電所の工事を日本全国で展開しています。環境対応への需要増加により、販売は順調に推移しており、同社の事業の約半分を占めています。

次に、省エネルギー事業は、工場や病院施設などへ電力削減プランを提案し、プラン導入後はそれを更新するサービスを展開しています。

そして電力事業は、ウエストホールディングスが自家発電した電力(太陽光発電)を売電したりしています。

同社の2017年の売上高は約327億円、純利益は15億円でしたが、20年にはそれぞれ619億円、44億円に拡大しています。

さらに21年最新決算での実績も、純利益で前年比2割以上のプラスと順調に伸びています。

また、同社は2023年までの中期経営計画を発表しており、**23年度で売上高1028億円、純利益で72億円の目標が掲げられています。**

中期経営計画については1章で説明しましたが、決算書などと違い3年や5年など中期から長期での経営計画が記載されています。

具体的な数字目標を出している企業もあるので、成長性などをはかる上で大変参考になります。

ウエストホールディングスの3か年計画は、**20年比で純利益を63%伸ばすという強気の内容**であり、長期的にも成長が楽しみな企業ではないでしょうか。

注目銘柄31

J-POWER（9513）

日本は洋上風力発電の伸びしろが大きい！

続いての注目銘柄は、J-POWER（9513）です。

同社に注目したのは、再生可能エネルギーに積極的に取り組んでいるからです。

具体的には、**水力と風力で100万キロワット規模の新規開発を行う計画**を打ち出しています。すでに水力発電は全国に60か所を保有、シェアは日本で2位の17％を誇っています。

風力発電は2000年から運転を開始しており、現在、風力発電所を全国に25か所、300基以上保有しています。

また、青森県の大間や秋田県の由利本荘に新たな風力発電所を展開中。由利本荘市には現在68基の大型風車がありますが、これを25年までに100基程度に増やす見込みです。

また100基設置した後は、洋上風力へ展開すると思われます。陸上に風車を設置すると、森林伐採などの環境破壊を招くことに加え、一年中強い風が吹いている土地が限られているためです。

梶山経済産業相は日本経済新聞社のインタビューで、**2030年までに洋上風力発電を原発10基分の発電量に相当する1000万キロワット分設置する**とコメントしていました。このプロジェクトは今後拡大していくでしょう。


日本における洋上風力の発電能力は、19年度で全体のわずか0・8％です。風力発電が世界で最も進んでいる欧州の場合、総発電量に占める割合は同じく19年時点で15％程度ですので、日本は相当遅れていることがわかります。

ですがこれは見方を変えると、風力発電をこれから大きく伸ばすチャンスでもあります。Ｊ－ＰＯＷＥＲは風力発電の事業化へ動き出しました。

21年7月現在の株価は1600円台で推移しており、まずまず手頃な価格で投資できると言えるでしょう。

注目銘柄32

レノバ(9519)

利益は115億円で過去最高! 風力は伸びしろ大

3社目がレノバ(9519)です。再生可能エネルギーの分野では、トップを走る有力銘柄と言っていいでしょう。同社は再生可能エネルギーの発電と開発・運営をしています。

最新決算では、大規模太陽光設備の通期寄与により、売上げは前年比で7%増加。利益は115億円と過去最高益を叩き出しました。

今後も現在開発中のプロジェクトを含めて、**1・8ギガワット(GW)の発電量を3ギガワットまで拡大する**という成長目標が、会社説明会資料に記載されていました。

レノバの2017年時点の実績は、約0・3ギガワットでしたので、**成長の伸びしろは大きいと感じました。**

2011年は東日本大震災からちょうど10年の節目の年でしたが、多くのメディアが改めて震災や原発の恐怖を伝えました。

政府は2040年までに、洋上風力発電を現在の3000万から4500万キロワットまで拡大することを目指しています。**これは原発45基分の発電量に相当します。**

東日本大震災が起こる前の日本には原発が50基以上ありましたが、現在再稼働しているのは9基のみです。

この原子力発電所が生み出していた電力を、そっくり再生可能エネルギー(太陽光や風力、水力、バイオマスなど)に置き換えようという政策なのです。

今後、政府は継続して支援策を出すと思われます。国と企業が一丸となれば、排出量ゼロは実現可能かもしれません。


再生可能エネルギー「風力発電」の注目銘柄

企業名	証券コード	ひと言注目コメント
東レ	3402	風車用炭素繊維で世界首位。シェア6割
NTN	6472	風力発電用大型ベアリングを扱う
日本精工	6471	風力発電用大型ベアリングを扱う
三ツ星ベルト	5192	風車の力を伝えるベルトの大手
五洋建設	1893	海上土木で国内首位
駒井ハルテック	5915	風車を製造
秋田銀行	8343	洋上風力発電に参画
北海道ガス	9534	北海道で風力発電事業に参入
川崎地質	4673	海洋地質調査に強み

私は再生可能エネルギー分野で今一番、政府が力を入れているのは風力だと思っています。

ここで紹介しきれなかった風力発電の関連銘柄を前ページにリストアップしたので参考にしてみてください。

政策テーマ5

地方銀行再編

数が多すぎる問題を解決する企業にチャンス!

菅総理の発言からにわかに動き出したのが、地方銀行の再編です。

2020年9月2日に「(地方銀行は)数が多すぎる」として再編への姿勢を示したのですが、翌3日の福島銀行(8562)の株価は前日比で30%急騰しました。

次の4日も買い注文が殺到し、値付かずのままストップ高で終了。わずか2営業日で株価は153円から258円まで駆け上りました。

同4日は栃木銀行(8550)、筑波銀行(8338)の株価上昇率が20%を超えるなど、再編を先取りする動きが目立ちました。

地銀は日銀のマイナス金利により収益が悪化していますが、そもそも数が多すぎることが問題視されています。

2020年末時点で上場している地銀は72行もあり、日本の都道府県の数以上にあります。

他の業種であれば、自由競争により最終的に数社の大手に集約されていきますが、銀行は独占禁止法もあって数を絞り込むことができませんでした。

これだけ数があると、**営業できるエリアも限られるため、銀行の収益悪化が続いています。**

参考までに2021年1Q時点で46行が減益、2行が赤字決算でした。

地方銀行の体力は日増しに弱まっているのです。

注目銘柄33

SBIホールディングス（８４７３）

地銀4行と提携！　地銀再編に向けて動き出した！

そんななかで地銀再編に向けて積極的に動いているのが、ＳＢＩホールディングス（８４７３）です。

同社は第4のメガバンク構想をブチ上げており、現在4行と資本提携しています。今後もどんどん提携をしていく方針のようです。

ちなみにＳＢＩホールディングスは、株価が大きく上昇した栃木銀行、筑波銀行の大株主です。

国策の追い風を受けたことや、地銀の株が驚くほど割安に放置されていることなどから、更なる地銀再編の動きが出てくると思われます。

その意味で、私は**ソルクシーズ（４２８４）**にも注目しています。

同社は銀行や証券会社など金融機関向けのシステム設計や開発などを行い、ビジネスを支援するサービスを手掛けています。近年ではＡＩやＩｏＴ、クラウドなど成長分野への積極投資も行っています。

同社の筆頭株主はSBIホールディングスです。SBIの資本提携強化に絡んで、ソルクシーズの案件が増える可能性もあるのではないかと見ています。

政策テーマ6

ふるさと納税

巣ごもり需要を背景に今後も増え続ける

続いて注目している政策テーマが、ふるさと納税です。

ふるさと納税は、全国の地方自治体に寄付をすると、「お米、食品、特産品、宿泊券」等の返礼品がもらえる制度のことで、2008年から始まりました。

地方自治体への寄付金のうち2000円を超える部分については所得税の還付、住民税の控除が受けられる仕組みです。寄付金の金額や上限は人によって異なります。

しかし、納税額を増やしたい地方自治体が競って豪華な返礼品を用意。本来の寄付という意義から外れた動きが広まりました。

その後、2017年に総務省が「お礼の品の返礼率（還元率）を3割以下に統一すること」を全国の自治体に通知したため、極端に高い返礼率や一部の返礼品は見直されました。

ただ、実質2000円でたくさんの返礼品がもらえるこの制度は、今後も増加が続くと見込まれています。実際、2020年度の寄付総額は約6725億円となり、過去最高を記録したようです。巣ごもり需要を背景に、各地の返礼品を楽しむ人が増えたためとみられています。

注目銘柄34
チェンジ（3962）
コロナで利用者増！　お得な制度は今後も広がる期待大

ふるさと納税で注目したいのは、チェンジ（3962）です。

同社の主な事業は2つあり、一つは企業・公共団体へIT技術やデジタル人材育成サービスを提供すること。

そしてもう一つは、ふるさと納税事業です。業界最大手の「ふるさとチョイス」を運営しています。

次ページの図は同社の2019年度(上段)と20年度(下段)の1Q期間の業績です。

まずは「NEW-IT」と表記されているITセグメントを見ると、こちらは前期と比べて大きな変化はありません。

逆に大きく伸びているのがパブリテック事業(ふるさとチョイス)です。

前期の1Q売上高は38億9300万円、利益は27億3500万円でしたが、今期は売上高で72億5300万円。利益は47億7100万円となり、売上も利益も大きく増えています。

これだけ伸びたのは、ふるさと納税を継続して行う人が増えていること、新規のユーザーが増えたためだと考えられます。

ふるさと納税の寄付金額は毎年1月1日にリセットされるため、さらに翌年も継続して申し込みができます。

昨年のふるさと納税寄付金額の上限が10万円だとしたら、翌年も10万円寄付できるという具合です(年収や家族構成等により異なります)。

私もふるさと納税を活用していますが、NISAと同じく、得しかない制度であるため、やめる理由が見つかりません。


また、2020年はコロナウイルスの感染拡大により緊急事態宣言が発出され、外出を自粛することが増えました。気軽に旅行や買い物に行けなくなったこともあり、その代わりに大活躍したのがふるさと納税でした。

ふるさと納税は全国の特産品が

ふるさと納税事業が前期から大きく伸びる

前期 (単位:百万円)	NEW-IT	投資	パブリテック	調整額
売上高	618	−	3,893	−
セグメント利益	115	△5	2,735	△275

今期 (単位:百万円)	NEW-IT	投資	パブリテック	調整額
売上高	473	72	7,253	−
セグメント利益	136	67	4,771	△357

パブリテック事業(ふるさとチョイス)は順調に伸びている

もらえる他、マスクやトイレットペーパーなどの日用品も返礼品としてあります。

とくにコロナが流行した当初は、マスクなど衛生管理用品が入手困難になり、トイレットペーパー、ティッシュペーパーも品薄になりました。

それらを返礼品として用意している自治体があったため、一気に利用者が増えたようです。

チェンジは２０２４年までの中期経営計画を発表しています。

それを見ると、利益については24年は１０７億円を目標に設定しています。20年度の利益は15億４７００万円でしたので、そこから7倍という強気の設定です。

また、売上高は21年度の１５７億８１００万円から約3倍の５００億円の目標を掲げています(24年度)。

実現すれば、株価も今の水準のままということはないでしょう。業績を見守りながら、投資タイミングをはかりたいところです。

成長シナリオを作ってみよう！

以上、2章と3章では、多くの注目テーマとテンバガー候補銘柄を紹介してきました。気になった銘柄があれば、改めて企業業績や株価などを調べてみるといいでしょう。企業の決算情報は、決まった時期に発表されます。その他、新たな事業展開があれば、IRを通じて開示されます。

こうした情報を逃さないよう、時々チェックしてみてください。

私は仕事柄、朝コーヒーを飲む感覚で決算などの情報をチェックしています。日課にしてしまえば、それをやらないと気持ちが悪くなるので、うまく習慣化するといいでしょう。

日々の情報収集が、投資の精度を上げることにつながるので、ぜひやってみてください。

一方で、「こうした予想はどうせ当たらないでしょう」と言う方もいると思います。ですが、当たらないとしても、一つひとつチェックすることに意味があります。

私が描く企業の成長シナリオと皆さんのシナリオは違うかもしれませんが、他人が考えるシナリオや銘柄を知ることで、色々な見方を身につけることができます。

また、日々のニュースを見る姿勢も変わるはずです。政府があるテーマを検討していると知ったら、それに関連する銘柄はなんだろうと気になり、検索したり、本や雑誌を読んだりして情報を集めるようになるでしょう。

そして、自分でつくった成長シナリオが的中したときの喜びは、単に金銭的なものにとどまらないと思います。私のシナリオの立て方が皆さんの参考になることを願っています。

4章

Chapter04

株価が上がる前兆の捉え方

これから伸びる小型株について、どんなテーマのどんな銘柄が該当するのか、例を挙げながら解説してきました。

こうした小型株をまだ割安なうちに見つけて投資できれば、その後の株価上昇を大きくつかむことができます。

もちろん、誰もが社名を知っているような大型株と違い、無名な小型株を皆が知らないうちに見つけるのはなかなか難しいことですが、いくつかコツらしきものはあります。

4章では、**小型株の株価の上がり始めをとらえる方法**を紹介していきます。

株価が上がるときの目印とは？

2章と3章で述べたように、次世代のテーマや政府の政策に乗って成長する小型株は少なくありません。

こうした上がる理由が明確な小型株は、比較的探しやすいのですが、そうでないときは苦労します。

そんな場合は、**これから上がることがわかる〝目印〟**のようなものを頼りにするといいでしょう。

例えば、**「東証1部昇格銘柄」に注目する**という方法があります。

昇格とは、新興市場(主にマザーズ市場とJASDAQ市場)や東証2部から東証1部市場に移行することをいいます。

1部に昇格すると、東証1部を投資対象としている機関投資家や大口投資家などが新たに投資することが予想されるため、株価が上がりやすくなります。

また、日銀による大量のETF購入により、TOPIXに組み込まれた東証1部銘柄の株価は上がりやすくなります。

ただ、**1部昇格銘柄を事前に知ることはできません。**

ではどうやって見極めるかと言うと、昇格するにはいくつかの条件があります。条件をクリアするための施策を取り始めた企業を探せば、近いうちに昇格する可能性があることがわかるのです。

東証の再編を見据えて、昇格条件を変更

じつは、東証1部銘柄に昇格するための条件は、2020年11月1日からいくつか変更されました。

この変更は、2022年4月に実施される東証の再編を見据えています。

というのも、東証は現在の1部、2部、JASDAQ、マザーズの4市場を廃止して、新たに「**プライム**」「**スタンダード**」「**グロース**」の3市場に再編されることが決まっています。

4市場体制は外国人投資家に評判が悪く、「東証1部の銘柄数が多すぎて選びにくい」「4つの市場がどのように分かれているのか、それぞれの特徴がわかりにくい」などの欠点が指摘されていました。

日本の市場が外国人投資家から敬遠される一因となっていたのです。そこで右の3市場に明確に分けることで、改善していくつもりなのです。

では、東証1部に昇格する条件はどう変更されたのでしょうか。

まず「株主の数」が変更されました。以前は、東証1部に上がるには株主が2200人以上いることが必要でしたが、今後は800人以上でよいとされました。

これまで昇格意欲のある企業は、株主をたくさん集めるために、株主優待を新設したり、優待の内容をかなり良いものにしたりして、自社の株を買ってもらうように投資家にアピールしていました。

また、1株の単価が高い企業は、株式分割を実施して、1単元当たりの投資資金が少なくてすむように調整したりもしました。

しかし、涙ぐましい努力を重ねて、無事に東証1部に昇格すると、もう株主に用はないとばかりに、株主優待を廃止したり、内容をグレードダウンしたりする不届きな企業もなかにはいました。

今回の株主数の変更は、こうした企業の行動を取り締まる目的もあると見ています。

反対に、**昇格条件が厳しくなったのは、時価総額**です。

変更する前は、なぜか市場により条件が異なりました。というのも、JASDAQから東証1部に昇格するには時価総額が250億円以上必要でしたが、**東証2部やマ**

ザーズから昇格する場合は、40億円以上でOKだったのです。

そのため、マザーズや東証2部から東証1部へのルートは、いわば抜け道のように使われ、不公平でした。

そこで今回、250億円以上という条件に一本化されたのです。

東証2部やマザーズに属する企業からすると、時価総額のハードルがだいぶ上がったわけですが、そもそも時価総額は企業価値を示す指標ですから、これを上げる努力をすることは、企業にとっても投資家にとっても歓迎すべきことだと思います。

2022年4月までに昇格する銘柄に注目

では、条件が変更されたことで、昇格を見抜くサインはどう変わったのでしょうか。

制度が変わる前は、株主優待を新設する企業は、東証1部に昇格する意欲がある会社とみなすことができました。昇格への濃厚サインだったわけです。

しかし、昇格に必要な株主数が2200人あら800人に大きく減ったことから、わざわざコストをかけて優待を新設し、株主を集める企業は少なくなると思われます。

サインとしてはあまり機能しなくなるでしょう。

一方で、**重要なサインになりそうなのが、「立会外分売」**です。立会外分売とは、大株主が所有する株式を取引時間外に、多くの投資家に売却することです。

企業などの大株主は、株主の人数を増やしたいときなどに行います。そのため市場で取引される価格よりも安く売りに出して、アピールします。購入時の手数料がかからないのも魅力です。

株主優待同様、株主数を増やすための施策でしたが、昇格に必要な株主数が800人に減ったことで、**企業側はコストをかけて株主優待の新設をするのではなく、立会外分売で株主数の条件をクリアすれば十分**だと判断するでしょう。

企業によっては、立会外分売をする目的を「**東証1部への市場変更のため**」とストレートに表示して実施します。実施する企業名だけでなく、実施目的も調べるといいでしょう。立会外分売をする企業は証券会社のホームページから確認できますので、調べるのは比較的容易です。

また、東洋経済新報社が3か月に1度発行する『**会社四季報**』**のコメント欄に、「1部上場に意欲あり」「1部上場に積極的」と書かれている**ことが、まれにあります。

一つずつ企業をチェックしなければならないので手間がかかりますが、コメントを発見したときは喜びもひとしおです。

実際、東証1部への昇格により株価が上がった例として有名なのが、**東芝**(**6502**)です。同社は2015年に表面化した不正会計問題により東証1部から2部へ降格しました。しかし、東芝は東証1部復活を熱望していました。

そのため私は以前からマークしていたのですが、2020年4月に同社が東証1部復帰を申請しました。年が明けて21年の1月22日に1部復帰申請が承認され、29日付で昇格しました。

東芝の株価は、昇格決定のニュースが流れる前の1月22日の終値は2963円でしたが、翌23日は3460円となり、**一気に16%以上も急騰しました。**その後も株価は上昇トレンドを続けています。

なお、前述したように、東京証券取引所は東証1部など既存の4市場を廃止し、新たに「プライム」「グロース」「スタンダード」の3市場に生まれ変わります。2022年4月から実施される方針のため、これ以降、今回紹介した昇格ルールが適用されない可能性があります。

しかしながら、逆に22年4月までに東証1部に昇格しておこうという、駆け込み需要があるのではないかと思います。その意味では、**今が短期急騰銘柄をつかむ最後のチャンス**と言えるのではないでしょうか。

アクティビストに狙われやすい会社に妙味

株価が上がる目印は他にもあります。**アクティビストに狙われることも、その一つでしょう。**

アクティビストとは、いわゆる**モノ言う株主**のことです。資金力を背景に、大量に取得した株式をてこに、企業に対し経営の見直しなどを求める投資家の総称です。

彼らの目的は、**株主としての利益の最大化です。**

具体的には、配当金の増加や自社株買いを提案し、**株主への還元を強化する**内容が多いようです。自社株買いは、自社の株式を購入することで市場に出回る株式が減り、1株当たりの利益が増えます。株価上昇も期待できるでしょう。

さらに、業界再編を求めたり、アクティビスト関係者を投資先の企業の役員として送り込んだりするなど、かなり積極的な動きをする場合もあります。

例えば、香港のオアシスマネジメントは、セブン&アイ・ホールディングスの株を保有した後、業績が思わしくないイトーヨーカドーのスピンオフ、セブン銀行の株式売却を主張し、総還元性向(自社株買いと配当金を足したもの)を現在の40%から50%へ引上げるよう提案しました。

他にも、違法建築問題を起こしたレオパレス21に対して、元村上ファンド代表の村上世彰氏が取締役全員の解任を求める臨時株主総会の開催を請求したこともありました。

最近はアクティビストの積極的な行動が目立ち、それに関連したニュースが増えています。

そんな**アクティビストに標的として狙われやすい企業は、「内部留保が大きい会社」と「親子上場している会社」**の2つです。

まずは前者から解説します。

内部留保とは会社の持っている資産――主に現金や不動産などです。会社の利益を設備投資などに回さず、株主にも還元しないで、内部にため込んでいるような会社は狙われやすいと言えます。

また、**現金化できる資産が多い会社も狙われやすい**です。ユニゾホールディングスの例で説明します。

同社は東京都内のオフィスビルの賃貸やビジネスホテル事業がメインの会社です。2015年の純利益42億円から19年には119億円へと安定成長しており、さらにはオフィスビルの市場価値も高く、含み資産がとても多い状態でした。

それにもかかわらず、株価は15年の高値5000円台から大きく下げ、2000円以下まで落ち込んでいました。

資産価値と株価の関係性を示すPBRは0・5倍台。配当利回りは当時で約4・5%と、激安で放置されていました。

敵対的TOBで株価が急騰！

そんな同社に対して、**大手旅行会社のエイチ・アイ・エス（以下HIS）が敵対的TOBを仕掛けました。**

2019年7月10日にユニゾホールディングスの株を1株3100円で買い付けると発表したのです。

HISは旅行手配などの代理店が主力で、他にホテル事業も営んでいます。3つのホテルブランドを運営し、力を入れていました。

同社の狙いとしてはユニゾホールディングスのホテルグループを手に入れ、ホテル事業の拡大とともに、HISの本業である旅行の宿泊先としてもユニゾホテルを指定し、稼働率と利益の向上を狙ったものと思われます。

じつはこの協業話を、HISは敵対的TOBを仕掛ける以前から打診していたのですが、話は進展せず、その後もユニゾホールディングスから回答がなかったため公開買い付けに踏み切ったようです。

その後ユニゾホールディングスはTOBに反対意見を表明。対抗策としてソフトバンクグループの子会社である投資ファンドのフォートレス・インベストメント・グループ（以下、フォートレス）を選び、同社がユニゾホールディングスに対してTOBを実施すると発表しました。いわゆるホワイトナイトです。

このときの買い付け株価は1株4000円でした。この騒動が起きる前の同社の株価は2000円以下でしたので、**ほぼ2倍の値がついたのでした。**

HISとフォートレスが争っている間に、米投資会社のエリオットマネジメント、いちごアセットマネジメントもユニゾホールディングスの株を買い増し、4つ巴のバトルロイヤル状態へ。これが短期間での株価急騰劇の背景です。

もともとHISから始まった争奪戦が激化し、多くのアクティビストが参入しました。**この競争に飛び乗って投資して、リターンを得るのも一つの手でしょう。**

ちなみに、その後ユニゾホールディングスは、従業員によるEBO（自社買収）が成立し、2020年に上場廃止しています。

他には、**倉庫株もアクティビストに狙われやすい**と言っていいでしょう。資産をたくさん持つ割に、株価は割安圏にあります。

株価が安いと、株を取得するための資金も少なくて済むため、狙われやすく、実際にそういう動きがあってもおかしくないと見ています。

親子上場の会社は株価が上がる

もう一つ、アクティビストに狙われやすいのは、**「親子上場」をしている会社です。**親子上場というのは親会社、子会社ともに上場しており、親会社は基本的に子会社の株式を50％以上取得している状態を指します。

親子上場は、**欧米の上場企業ではまず見られない日本独特の資本政策です。**企業統治やガバナンスの面で問題があり、企業のグローバル化に伴い、風当たりは一段と厳しくなっています。

親子上場の問題は以下の3つに集約されます。

問題1

「利益相反」

利益相反とは、子会社よりも親会社の利益の方が優先されてしまうことを指します。

親子上場の場合、親会社が大株主であり、なおかつ50%以上株を握っているため、力関係は親会社の方が圧倒的に強いわけです。

子会社に不利益となるような決定が親子間でなされた場合、子会社の株主はそれを覆すことができず、不利益を被ることになります。

問題2

「利益の二重取り」

親会社が上場するときに、子会社も含めた企業価値を裏付けとして、市場から資金を集めます。その後、子会社が上場した際も、再び資金を得ることになります。

つまり、親子上場会社は子会社の企業価値を2回使って、市場から資金を集めているという二重取りが行われる可能性があります。

子会社の上場は1社とは限りません。3社4社と上場していることもあり、投資家の資金を三重取り、四重取りしているというケースも想定されます。

問題3

「子会社の利益流出」

子会社が上場すれば、親会社以外の株主ができます。その株主に対して必要以上の配当などが出ていけば、親子のグループ会社としては損失です。

このように親子上場はいろいろ問題がありながら、日本では容認されてきました。しかし近年はそれに対してモノを言うアクティビストが増えてきました。

そのため、**親子上場を解消する動きが出てくること**も考えられます。

親子上場が解消される際は、一般的に子会社の株式はTOBによって親会社が買い取ります。その際のTOB価格は市場価格よりも3割程度高く設定されることが多いため、**TOBが発表されると子会社の株価が上がります。**

そのタイミングを狙って投資すれば、株価上昇をつかめる可能性が高いわけです。

こうした動きを見逃さないようにしてみてください。

アノマリーを株価上昇の目安にする

投資の世界には、アノマリーが存在します。アノマリーとはそうなる理由がはっきりとは解明できないものの、長い期間でデータを集計した結果、なぜか株価上昇率や勝率が統計的に高くなる法則性のことです。

このアノマリーで有名なものの一つに、「**セルインメイ**」(Sell in May)があります。日本語に訳すと「**5月に売れ**」になります。

もともとは投資の本場ウォール街の格言で、5月から9月までの株価は軟調になりやすいというアノマリーです。逆に10月から4月までの株価は強くなる傾向があります。つまり5月に株式を売却した後は9月まで休息し、10月から再度株式市場に参戦しようという意味になります。

以下にアノマリーの成功事例と、これから使えるアノマリーについて紹介していきます。

アノマリーの一つに「**夏枯れ相場**」があります。夏場は市場関係者が夏休み休暇をとるため、株式の取引が減少します。市場参加者が少ないため、一つの悪材料が相場の急落や一方的な下落を引き起こしやすい月でもあるのです。

実際、月別の株価リターンを調べてみたところ、8月は最もパフォーマンスが悪いことがわかりました。

また、私自身も有効活用しているアノマリーがあります。それが「**ファーマ・フレンチの3ファクターモデル**」です。

初めて耳にする言葉かもしれません。私も証券アナリストの勉強を始めてから知った言葉でした。

このモデルの一つに「**小型株効果**」（あるいは規模効果）があります。これは**時価総額の小さい会社の株価リターンは大型株を上回る**というものです。

私はこのアノマリーを知る前から小型株投資をしていたわけですが、知ってからはより自信をもって小型株に投資しています。

残りの2つのモデルは、「**バリュー株効果**」と「**市場ポートフォリオ効果**」です。バリュー株効果とは、**PBRが低い株はそれが高い株のリターンを上回る**というものです。

ＰＢＲは、株価が1株当たり純資産（ＢＰＳ）の何倍まで買われているかを表す指標で、企業の割安度を測る際に使われます。

ＰＢＲが高いほど割高、低ければ割安ということになります。例えば、ＰＢＲ0・1倍は、会社の持つ資産をすべて売却すれば、時価総額の10倍になるという意味です。株価に資産価値が反映されておらず、大変割安な株価水準になっているわけです。

かつては、1倍以下の低ＰＢＲ企業を買って、ＰＢＲ1倍まで見直し買いが起こったタイミングで売却するという投資手法もありました。

しかし近年は、帳簿上は出てこないような隠れた資産や、有形ではない無形資産が重視されます。例えば、顧客データや特許、権利物、企業のブランドイメージやロゴなどです。

こうした無形資産は、工場や店舗といった形のあるお金に換算できる資産と違って、計測するのが難しいこともあり、資産に計上できません。そのため、ＰＢＲは実態をどこまで反映できているか疑問があり、バリュー株効果はかつてより重視されない傾向にあります。

そして3つ目の市場ポートフォリオ効果は、**マーケット全体の株価上昇率は無リスク資産（いわゆる国債）の利子率を上回る**というものです。

ファーマ・フレンチの3ファクターモデルは、1993年にユージン・ファーマとケネス・フレンチにより発表されました。ちなみに、2013年にユージン・ファーマはノーベル経済学賞を受賞しています。

年末に買って年始に売ると勝率高い

もう一つアノマリーを紹介します。「クリスマスラリー」です。

毎年、12月は相場が強くなると言われています。12月はボーナスが入り、株式を購入できる余裕資金ができます。

また、クリスマスがあり、それが終わると年末年始の休みです。なんとなく世の中は明るいムードになります。

結果、年末にかけて株価は上昇傾向になりやすいのです。

12月24日から大納会にかけての日経平均株価の推移を確認すると、1971年から

２０１９年までの49年間で39回上昇していました。５年のうち４年は上がっていることがわかります。かなり高い勝率です。

さらに翌年最初の取引日——大発会はご祝儀相場で買われやすく、２０００年から２０１９年の勝率は65％でした。クリスマスラリーに比べて勝率は劣りますが、それでも十分高いと言えます。

そのため、**12月23日に日経平均株価に連動するＥＴＦなどを買って、年末の大納会あるいは大発会に売却すると、高い確率でリターンを得ることができる**でしょう。

日経平均株価にレバレッジをかけたＥＴＦを買えば、株価変動が日経平均株価の２倍のため、リターンはさらに上昇します。

ちなみに２０２０年12月23日の日経平均株価の終値は２万６５２４円でしたが、大納会の12月30日の終値は2万７４４４円。翌21年１月４日の大発会の株価は２万７２５８円となり、いずれもプラスでした。

しかしながら、このアノマリーはあくまで統計上有利というだけで、確実なものではありません。なかには大きく下落した年もありました。

２０１８年12月25日の日経平均株価は前日比１０１０円安と大幅に下落しています。このときは〝クリスマスショック〟と騒がれました。

急落のきっかけとなったのが、米国の利上げでした。ＦＯＭＣ（連邦公開市場委員会）がこの年４度目の利上げを決めたことが発端となり、日米同時株安になりました。

利上げが決まってから米国の長期国債の利回りは３％を超え、株を売って債券を買う流れが加速したのでした。

格下げのダメージは大きい

ここまでは、株価が上がる目印を中心に述べてきましたが、逆に下がる目印についても一つ紹介します。

それは「**格付けの格下げ**」です。格付けとは、企業の経営状態や支払い能力を成績表のようにしたもので、米国のMoody'sやスタンダード＆プアーズ（Ｓ＆Ｐ）、日本では日本格付け研究所（ＪＣＲ）などが有名です。

格付けはＡＡＡ（トリプルエー）が最上位であり、安全度に応じてＢ、Ｃ、Ｄと低くなっていきます。

この格付けが低いと、会社の信用力は低くなり、銀行融資では審査が通りにくくなったり、社債発行についても企業側の支払い利息が高くなったりします。

格付けが低い会社というのは、高い会社よりも利息を高くしないと投資家から資金が集まらないため、企業経営においても明らかに不利です。

格付けが下がると、企業の信頼性は落ち、コストが増加することで利益が圧迫されていくのです。

日本の大企業でも格付けが引き下げられることがあります。２０２０年に目立ったのがソフトバンクグループの格下げでした。

同年3月25日に**Moody'sジャパンが同社の格付けを2段階一気に引き下げました。これによりソフトバンクグループの株価は一時的に8％以上急落しました。**

ソフトバンクグループは2段階の引き下げを発表された後、「Moody'sの格付け取り下げについて」と題したリリースをすかさず公表します。

Moody'sの判断は誤った理解と憶測に基づくものであると主張し、依頼している格付けを辞めると発表したのです。

参考までに、Moody'sがソフトバンクグループの格付け引き下げのリリースを公表したのは、その日の18時42分でした。これを受けてソフトバンクグループがリリースで反撃したのですが、リリースを公表した時間は同18時50分でした。わずか8分後という素早さでした。

これだけ早急に対応しなければいけなかったのは、ソフトバンクグループのビジョンファンドの存在が原因だろうと思います。現在の同社はビジョンファンドという投資会社からの運用収益が利益の柱となっています。

この運用収益がMoody'sの発表したリリースにより、株価が下落し、連動して運用収益も減少するなどのリスクを嫌がり、怒りの反撃リリースを公表したのです。

IPO銘柄の開示資料に着目

この章の最後に、成長株を地道に探す方法をお伝えします。

3800社ある上場企業の中から、これから成長する企業を探し当てるのは簡単なことではありません。「こんな会社があったのか」「将来有望かもしれない」という出会いを少しでも増やすことが、大化け株獲得の第一歩になります。

まず一つは、**IPO銘柄を調べる**ことです。IPOとは株を投資家に売り出して、証券取引所に上場することをいいます。

上場する市場は、主に4つあります。東証1部、東証2部、JASDAQ、マザーズ市場です。

このうちマザーズ市場は、ベンチャー企業向けの市場という位置づけです。マザーズ市場に上場する企業は、「事業計画及び成長可能性に関する事項」という資料を開示する必要があります。

この資料は投資家に合理的な投資判断を促す観点から、継続的に開示することが求められています。企業のビジネスモデルから市場環境、競争力の源泉、事業計画、リスク情報まで、様々な情報が掲載されています。

会社によっては、資料に経営計画や目標数字なども具体的に記載されているので、成長株のヒントを見つけることも可能です。これらは、会社のホームページから閲覧することができます。

もう一つの地道な探し方は、メディアを活用することです。

とくに投資系メディアは、普段から企業の業績や株価の動きをチェックしているので、企業の変化に敏感です。将来有望な会社の情報が発信されることもあるので、マメにチェックするといいでしょう。

参考までに、私が定期的に目を通している投資媒体を列記します。

●会社四季報オンライン　https://shikiho.jp/

会費は月1100円。ベーシック会員に登録すれば、個別企業の業績推移や四季報の先取りニュースなどのコンテンツが制限なく閲覧できます。

●IFIS株予報　https://kabuyoho.ifis.co.jp/

私は、企業の決算発表日がチェックできる決算スケジュールカレンダーを重宝しています。

●日本経済新聞　https://www.nikkei.com/

以前は紙の媒体を利用していたのですが、今は電子版に切り替えました。投資情報欄、マーケット総合欄は必ず読んでいます。

●かぶたん　https://kabutan.jp/

平日夜20時に配信される「【明日の好悪材料】を開示情報でチェック！」は、業績に関する最新情報を一覧で発信してくれます。業績チェックの時間を節約できる、とても便利な情報源です。

これらの投資媒体で私がとくに注目しているのは、その記事を書いた記者の思いです。

書き手はつねに公平に書いていると思いますが、彼らも人間ですから、取材して本当に感動したり、驚いたりしたときの文章には、その思いがどこかしらに漂っています。気のせいかもしれませんが、私はその気配を感じたときは記事に出ている企業を自分なりの方法でさらに深堀りして調べるようにしています。

5章

Chapter05

失敗するときは だいたいこのパターン

もう同じ失敗をくり返さないために！

私は現在、投資顧問業を経営する他、会員向けのメールマガジンを発行、最近はYouTube動画にも力を入れています。

情報発信することが多い分、読者や視聴者の皆さんからも様々な質問や相談をいただきます。「これから上がる銘柄は何か」という直球の質問から、「うまく損切りできない」「大事なときに手持ち資金が足りない」などの悩みまでたくさんいただきます。

ただ、結局のところ、多くの方の悩みや相談はだいたい同じだということもわかってきました。**投資でうまくいかないときは、だいたいこういう失敗をしているというパターンがある**のです。

私自身も数多くの失敗を経験しているので、そこにハマる理由はよくわかります。抜け出すにはどうしたらいいのか、私も試行錯誤しながら一つずつ克服してきました。

5章では、多くの人がつまずく失敗パターンを7つ挙げ、どうすれば次は成功できるのか、そのポイントを紹介していきたいと思います。

同じ失敗をしないためにも、ぜひマスターしてください！

損切りができない

以前、読者の方からこんな質問をいただきました。

みずほフィナンシャルグループ(8411)の株を1万5000株保有しています。配当金が出るのは有難いのですが、株価は低調で、現在含み損になっています。どうしたらよいでしょうか?

こういう内容の質問・相談はとても多いです。いわゆる損切りが苦手、できないというものです。

しかもこの方の場合、1万5000株を持っていると言いますから、結構ダメージは大きいですね。

この質問は2019年にいただきました。翌年の20年にみずほファイナンシャルグループは10株を1株にする株式併合をしたため、今だと1500株分に相当しますが、当時の株価で換算しても、だいたい300万円ぐらいを投資していることがわかります。

株式併合とは、上場企業が発行している複数の株式を1株に統合することです。100株を1株に、10株を1株にというように、複数の株式を1株に統合して、株式の数を減らします。いわば株式分割の逆と言えるでしょう。

みずほフィナンシャルグループに限らず、メガバンクや地方銀行などは、株価が長年低迷している反面、配当金が定額で続いているため、配当利回りが高い銘柄が見受けられます。

そこに魅力を感じる人も少なくないわけですが、私は一部例外を除いて、**基本的に金融株はあまり株価上昇が見込めない業種**と判断しています。

同社の場合、2019年3月に6800億円という、巨額の損失を計上したことがニュースで取り上げられました。

同時に、当初の利益5700億円の黒字予想から800億円へと大幅下方修正も発表されました。この大規模な修正により、利益は約86％も落ち込みました。

巨額損失の要因として、４００億円は店舗の統廃合に向けた固定資産の減損が理由とされましたが、預金口座などの管理などを担うソフトウエアシステムで４６００億円に上る減損を計上しました。

６８００億円という数字もインパクトがありますが、本業があまり上手くいっていないからこういう数字が出てしまうのだと思います。

２０２０年以降は利益が回復していますが、肝心の株価が上がっていません。21年に入ると、再び大規模なＡＴＭの障害が発生し、社会問題となりました。

損切りをすると負けが確定してしまう

相談者がみずほフィナンシャルグループの株を買ったのは、昔からつき合いのある証券マンの勧めだったそうです。

これは、一番やってはいけない投資スタイルです。**あちらが勧めてくるのは、基本的にあちらが儲かる商品です。**顧客が儲かるのではなく、売り手の営業のノルマ達成に貢献する商品だったりします。

では、すぐにでも全部売った方がいいかと言うと、1万5000株を一気に売るのは損失額が大きく、精神的にもきついと思います。そのためまずは500株とか1000株だけでもいいので、一度損切りをしてみてください。

半分の7500株売ればその時点で損することが確定しますが、**150万円程度の現金が入ってきます。**

それだけのお金が手元に戻ってくれば、他の有望株や成長株に新規投資できるはずです。ここから挽回することもまだまだ可能です。

損切りできずに困っているという相談は非常に多いのですが、なぜできないかと言うと、**損を確定する=負け、失敗という心理が働くから**だと思います。

売らずに、含み損のままにしておけば、いつか買った株価水準まで戻る可能性もあります。そういう展開を期待しているのでしょうが、実現する確率はけっして高くないことは皆さんも経験でご存知ではないでしょうか。

ですから、アドバイスとしては、「**まず100株だけでもいいので売ってみましょ**

う」です。

損失を確定したら自分がどんな気持ちになるかを知るだけでも収穫です。スッキリして、前向きな気持ちで他の銘柄に投資しようと思うかもしれません。

私も定期的に損切りをしています。１０００株や２０００株という大きい単位を一度に売るのではなく、買いと同じく数回に分けて行っています。

失敗パターン2

1銘柄に集中投資してしまう

「失敗パターン１」で紹介した人も、１銘柄に多くのお金を入れていましたが、これと決めた銘柄に集中して投資する人は大変多いです。

皆さんはどうでしょうか？　一つの銘柄に大きく投資する「**集中投資**」と、複数の銘柄に投資する「**分散投資**」のどちらが好みでしょうか？

私の経験上、選んだ銘柄に自信がある場合、集中投資をする人が多いようです。

しかし残念ながら、その自信は過信であることがほとんどで、結果が伴うことは少ないと見ています。

一発で資産が大幅に減るリスクがある

どれだけ自信のある銘柄で、実際に優良銘柄だったとしても、ちょっと業績が悪化したり、市況全体が悪化したりすれば、株価が大きく落ち込むことはあります。経営者が突然交代する、天災が起きるなど予期せぬことに見舞われることもあるでしょう。

集中投資の場合、その影響をモロに受けてしまい、一発で資産が大幅に減ってしまう可能性があります。

そのため、複数の銘柄に分散投資をして、大損することを避ける必要があります。

もっとも、分散投資が万能というわけではなく、その分の売買手数料がかかり、管理するのに手間がかかるなどのデメリットもあります。一つの銘柄の株価が大きく上昇しても、資金を分散しているせいで、リターンの絶対額が小さいということもあるでしょう。

とはいえ、集中投資したために大損して、もう二度と投資をできないぐらいに金銭的・心理的ダメージを負うのは避けたいところ。

欲張らずに、分散投資を選んだ方が賢明だと思います。

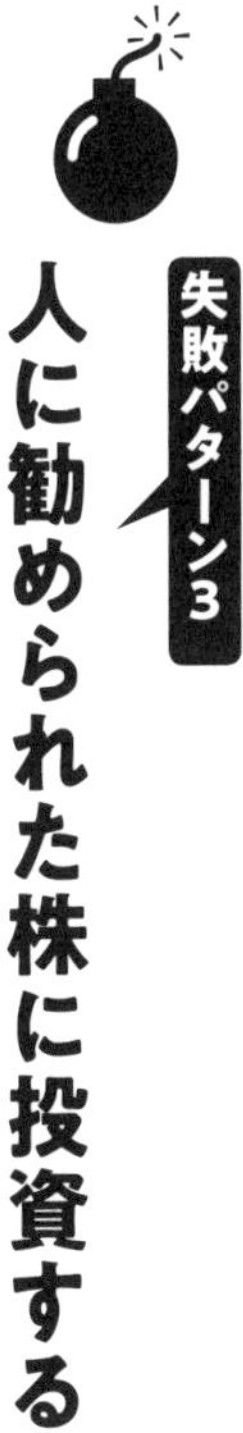

失敗パターン3 人に勧められた株に投資する

冒頭の「みずほ」の例もそうでしたが、勧められた株を鵜呑みにしてそのまま買うのは避けた方がよいです。

なぜなら、損をしたときに、それを相手のせいにするだけで、己を省みることはしないからです。だからまた同じ過ちを繰り返す恐れがあります。

しかも、**なぜ負けたのかわからないので、投資のスキルや銘柄選びの力がまったく身につかないのもよくありません。**せっかく学ぶ機会を得たのにそれを活かせないわけです。

自分で調べないと身につかない

私はそうしたリスクを回避するため、投資先を分析する手間を惜しまないと心に決めて、これまでやってきました。

もともと調べることが好きなので手間とも感じていませんが、ニュースや個別銘柄に関する情報を日々集めていくと、全体の相場の流れが少しずつ見えてくるようになります。

車を運転しているときに、「ここは危険だ！」と感じる場所や瞬間に出会うことがありますが、それと同じように投資においても経験を積むことで視野が広くなり、危機を事前に察知し、チャンスを感じ取ることができるようになります。

これればかりは実際に自分で体験しないと、いくら言われても実感できないと思います。ぜひ、明日から少しずつ実践してみてください。

ちなみに、雑誌などでおススメ銘柄を特集していることがありますが、多くの人が買って読む発売日が株価の天井で、あとは下がっていく一方だろうと思っています。次の号が出たころにはすっかり忘れられており、早くも塩漬けなんてこともあり得ますから、気をつけてください。

失敗パターン4 大事なときに手持ち資金がない

株は安値で買って、高値で売るのが勝つための一番シンプルな方法ですが、**せっかく安値になったときに、手元にお金がない**という話をよく聞きます。

どういうことかと言うと、投資に回せるお金はすべて投資してしまっていて、買いたくても買えないというわけです。

私の経験上、リーマンやコロナなど経済危機で株価が暴落した後は、しばらくの間、株価は低迷します。半年とか1年程度続く傾向があります。

そして、**低迷している間に、さらに株価が下落して、いわゆる2番底、3番底とい**

うように、落ちていくことが少なくありません。

そのため私は、暴落した後すぐに安値で買えるからと言って、有り金すべてを投入するようなことはしません。

最初は資金の3分の1ぐらいに抑えて、残りの3分の2は2番底、3番底に備えるようにしています。

実際、コロナにより株価が暴落した2020年は、2月から3月にかけて株式を相当買ったのですが、そのときでも2番底が来ると仮定して、すべてのお金を使うことはありませんでした。

また、さらなる買い局面が来たときにしっかり買えるように、積立貯金額をいつも以上に増やしました。

6000円も下がったからもう上がるだろう

リーマンショックのときもそうでした。

その前年、2007年にまだ景気が好調だったときは、日経平均株価が1万8000

円を超えたタイミングもありました。

そこからサブプライムローンが表面化し、景気も株価もみるみるうちに下がり始めました。半年くらいで株価は1万2000円あたりまで急落したのです。

さすがに6000円も下がったら、このあたりが株価の底で、そのうち上昇に転じると予想したのですが、2008年に米国の大手投資銀行リーマン・ブラザーズが破綻。日経平均株価は7000円すれすれまで〝墜落〟していきました。

結局、株価は1年ぐらいで半値以下になりました。そして半年ぐらい7000円台で停滞していたと記憶しています。

この半年間は、まったく明るい材料もなく、株価が上がる気配もない、私の投資人生のなかで最も厳しい局面でした。

しかし実際は、こうしたときこそ株式に投資をする絶好のチャンスなのです。追加購入できるぐらいの資金を手元に残しておいた人だけが、その後の株価上昇を目一杯とることができたのです。

失敗パターン5

財務分析に力を入れすぎる

先ほど、できるだけ投資先の企業のことを分析、研究するようにお伝えしましたが、その際に注意してほしいことがあります。

それは**財務分析に力を入れすぎない方がいい**ということです。労力をかけた割に、結果に結びつかないことが多い、と私は考えています。

財務分析とは、企業の資産や負債などの財務諸表や、経営状況に関する情報を入手して分析することです。

数字に強い人や会計、税務関係が得意な人は結構力を入れてチェックすると思いますが、財務分析にいくら力を入れても、株価が5倍とか10倍になるような大化け株を見つけるのは難しいと考えています。

財務は過去の数字。未来は見通せない

なぜなら、大化けする株にとって大事なのは、**これから成長する要素を持っているかどうかであり、現在の売上げや利益ではない**からです。

財務の数字は基本、過去の数字ですから、そこに未来のことは何一つ書かれていません。

企業の未来を見通そうと思ったら、その会社のビジョンや中長期的な成長戦略、時流に乗っているかどうかなどを知る必要があります。さらに、マーケットの成長力や業界の成長力を知ることも大切です。

財務分析をしても、ライバル企業との僅かな違いしか見えてきません。

実際、私も財務分析はたいしてやっていません。損益計算書の売上高や営業利益、そして最終利益の数字を確認する程度です。それ以外の数字は流し読み程度で済ませています。

忙しい毎日のなかで、投資に割くことができる時間は限られていますので、優先順位をつけて取り組んでほしいと思います。

失敗パターン6
お得度で判断してしまう

NISAの買い付けランキングを見ると、面白いことがわかります。

NISAは個人投資家だけが開設できる口座であり、いわゆる投資のプロである機関投資家は口座を持つことができません。そのため、言葉は悪いですが、ランキングにはアマチュアの人たちが選んだ結果が表れています。

そんなNISA口座の過去の買い付けランキング上位銘柄を調べてみると、その後、**株価は下落基調に転じ、落ち目になっている企業が少なくないのです。**

実態は「買ってはいけないランキング」

上位銘柄に共通するのが、株主優待や配当金に魅力がある、いわゆる利回りが高いことです。

確かに、配当や優待がつくとお得な感じがして、つい検討してしまう気持ちはわかります。しかしそれで選ぶと大変な目に遭うことは、皆さんもおわかりでしょう。

例えば、ランキング上位の日産自動車は高配当が魅力ですが、一方で業績不振は深刻で、2020年度の純利益は6200億円を超える赤字でした。続く21年度も、2月に発表された決算時に、5300億円の赤字見通しとアナウンスされました。

また同じく上位の航空機銘柄は、コロナウイルスの感染拡大により、大きな赤字を計上し、2020年4月に配当も無配になりました。

株主優待についてはまだ発表がありませんが、大赤字なのに制度を維持できるのか甚だ疑問です。

もし優待の廃止が発表されれば、その航空機銘柄を持っている理由がなくなる人も多いでしょうから、一気に売られて株価も暴落するでしょう。

個人的には、**NISAの買い付けランキングは、〝逆投資手法〟の一つ**だと思っています。

つまり、買っていい銘柄ランキングではなくて、**買ってはいけないランキング**と認識した方がよいと判断しています。

失敗パターン7

投資詐欺に引っかかる

2020年にカーシェア投資の詐欺疑惑が世間を騒がせました。

カーシェアとは、カーシェアリングの略で、登録を行った会員同士で特定の自動車を共有するというものです。

レンタカーに近いですが、レンタカーよりも利用頻度が週1回などと高く、借りる時間についてもレンタカーの場合、1日単位がメインですが、カーシェアリングの場合、数時間という短時間での利用が多いとされています。

ニュースで取り上げられた詐欺疑惑の企業は、個人投資家が購入した高級中古車を預かり、ユーザーに貸し出すというビジネスモデルでした。

ローンや駐車場代などを全額運営会社が負担し、投資家は貸し出しによる月々の配当がもらえると謳い、投資を募っていたのですが、同年10月に事業を停止。11月20日に東京地裁に破産を申請したのです。

投資していた被害者は600人を超えるとされ、社会問題にまで発展しました。結局、被害者は泣き寝入りせざるを得なかったようです。

残念ではありますが、こうした投資詐欺事件は手を変え品を変えて登場し、被害者は後を絶ちません。

あなたが次の被害者にならないための簡単な方法をお伝えいたします。それは、以下のポイントをチェックすることです。

投資詐欺を見抜く4つの視点

●分散投資できているか？

過去には、和牛投資や未公開株投資など、色々な金融商品が詐欺の対象になってきました。それらに共通しているのが、一つの商品のみで運用することです。

さきほどのカーシェアもそうですが、その一つの商品に全投資額を託しています。だからそれがなくなれば、すべてを失うモデルになっているのです。

騙す方はその方が簡単ですし、まとめてお金を騙し取ることができます。

●元本保証を謳っていないか?

日本人は、リスクをとりたがらない人が多いです。そのため「元本保証」という言葉にコロっと騙されます。

一方で儲けたい気持ちもあるため、「必ず儲かります」「元本は保証されています」とセットで言われるとつい騙されてしまうのです。欲をかいてはいけません。

●金融庁に登録されているか?

法律上、投資家に対して出資を勧誘できるのは、金融庁(財務局)の登録を受けた業者や許可・免許のある会社に限られます。

登録を受けている業者については金融庁のホームページで確認することができますので、必ずチェックしましょう。

業者が広告などを使って勧誘を行う場合、関東財務局長(○○)第△号という形式で登録番号が必ず記載されなければなりません。ホームページや広告ページを見ても、表記がどこにもない場合は警戒すべきです。

なかには金融商品取引業者と見紛うような名称を使っている場合や、公的機関を連想させるような名称を使っていることもあります。

名称だけで信用せず、少しでも怪しいと感じた場合は断る、避けるという判断をしてください。

●過去の実績をアピールしていないか？

私の本業は金融商品取引業（投資助言業）です。そのため、YouTubeチャンネルなどの視聴者の方からたくさんの問い合わせをいただきます。

その際、私の過去の実績、リターンやパフォーマンスを教えてほしいと言われることが結構あります。

しかし、私は非公開にしています、と言ってお断りしています。

もちろん、利用を検討している方にとって実績は一番知りたいことであることは承知していますが、過去の実績はあくまで過去のもので、それが将来の運用成績を保証するものではないからです。

金融商品取引法の違反事例は、広告勧誘でのケースが多いです。でたらめな実績を載せて、勧誘し、お金を騙し取るわけです。

こうした事例もありますので、個別銘柄のリターンやパフォーマンスを過度に見せている業者には注意してください。

6章

Chapter06

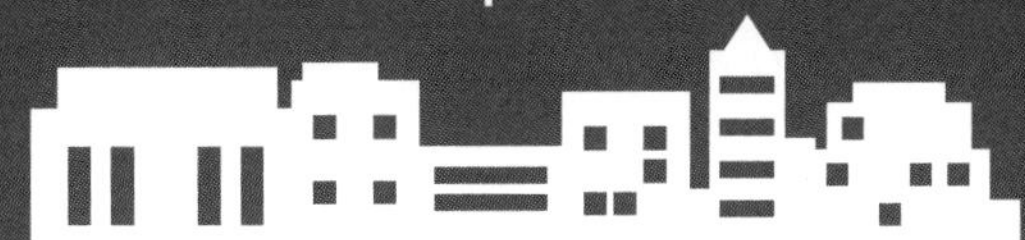

リスクを最小限にして確実に勝つ方法

小型株投資は大型株より収益性も高く、リターンの大きさが魅力です。

しかし、リターンが大きいということは必然リスクも大きくなるわけですから、できるだけリスクを抑えることにも目を向けてほしいと思います。

そうでないと、儲かるときはいいのですが、うまくいかないときは損失に耐えられず、投資をやめざるを得なくなるでしょう。

6章では、**リスクを抑えながら着実にリターンを獲得していく方法を紹介していきます。**投資を長く続けていくためにも、安心して投資ができる環境をぜひ自分の手で作ってみてください。

NISAの節税効果は計り知れない

まず皆さんにぜひお勧めしたいのが、**NISA(少額投資非課税制度)**です。すでに利用している人も多いでしょう。

NISAとは、簡単に言ってしまえば、**個人投資家のための税制優遇制度**です。この制度を使って購入した株式は、その後売却したときにかかる税金が非課税、つまりゼロとなります。

通常であれば、株式などの金融商品に投資をし、売却して利益が出たら、約20％の税金がかかります。また、株式を保有している期間中に受け取った配当金に対しても約20％の税金がかかります。

NISAはそれらの税金が一切かからない制度です。もちろん私も制度が始まった年から活用しています。

NISA口座は年間120万円×5年間が非課税となります。5年経ったら翌年の非課税枠に引き継ぐこともできます(ロールオーバー)。

例えば、始めてから5年後に40万円分だけ非課税枠を引き継ぎ、残りの80万円分を売却した場合、新たに80万円分の投資枠を使うことができます。うまく活用することで、かなりお得に運用することができます。

NISAを活用することで投資のリスクが低減するわけではありませんが、少しでも多くの利益を確保することができるのは喜ばしいことです。

その一方で、NISAにはデメリットもあります。以下の点に注意してください。

●特定あるいは一般口座とは別に口座を作る必要がある

ＮＩＳＡ口座は特定あるいは一般口座の開設が前提となります。また、１人１口座しか作れないので、本人確認などのために口座を作るまでに1か月ほど時間がかかります。税務署の審査もあります。開設申込みをしてもすぐに利用できるわけではないので注意してください。

●投資できるお金に上限がある

制度がスタートした直後は年間の投資枠上限が１００万円でしたが、その後１２０万円へ拡大されました。しかし、それを超える額の投資はできません。また、前年に投資枠を使い切らなかったとしても、翌年に繰り越すことはできません。

●NISA口座は1人1口座のみ

前述したように、特定口座や一般口座は複数の証券会社を利用すれば2口座以上作れますが、ＮＩＳＡ口座は１人１口座のみです。

●特定口座や一般口座との損益通算はできない

例えば、A証券の口座で投資をして50万円の利益が出たけれど、B証券の口座では50万円の損失が出たとします。通常であれば、この50万円は相殺されるため、投資で得た収益はゼロとなり、税金はかかりません。

しかし、NISA口座は相殺ができません。仮に、損失が出たB証券がNISA口座だった場合、A証券の50万円の利益に課税されます。**実際は利益ゼロなのに、税金がかかるというわけです。**

以上、NISA口座のデメリットを述べましたが、活用するのをやめるほどのものではありません。

非課税が魅力の最高の制度だと思ってやってみたら、少し違ったという誤解が生じないようにあえて説明しました。

2014年から7年投資した結果

私がNISAをお勧めするのは、実際に長年使ってみた実感からです。

私は2014年からNISA口座を使い始めており、毎年年末の保有資産や損益状況を画像に収めてきました。以下にその過程を示しながら、投資のコツと運用成果をお伝えします。

まずは最初の年、2014年末の残高画像です(左ページ)。

この年はまだ年間の投資枠は100万円が上限でした。私は上限金額近くまで投資しましたが、**損益評価は+20%程度。約19万円の含み益でした。**

NISAはスタートしたばかりだったので、私も準備が追いつかず、1月ではなく3月くらいからちょこちょこ買い始めていきました。

初年度で目立った成果をあげたのは、**コメ兵ホールディングス(2780)**です。

同社はブランド品の買い取りや中古販売が主力事業であり、名古屋に本社があります。同年4月14日に株価1256円で100株購入しました。

その後、12月には株価が４０００円近くまで上昇。株価が急激に上がりすぎたので、12月19日に株価３７７０円で売却しました。

１００株のみの保有でしたが、下の画像の含み益の他に、25万円ほど売却益を出すことができました。

この画像には、コメ兵ホールディングスはすでに売却して載っていませんが、それを含めると、初年度で40%を超えるぐらいのリターンを獲得しました。配当金は８９００円でした。

ＮＩＳＡ口座は、「売却益」と

NISA初年度は+40%!

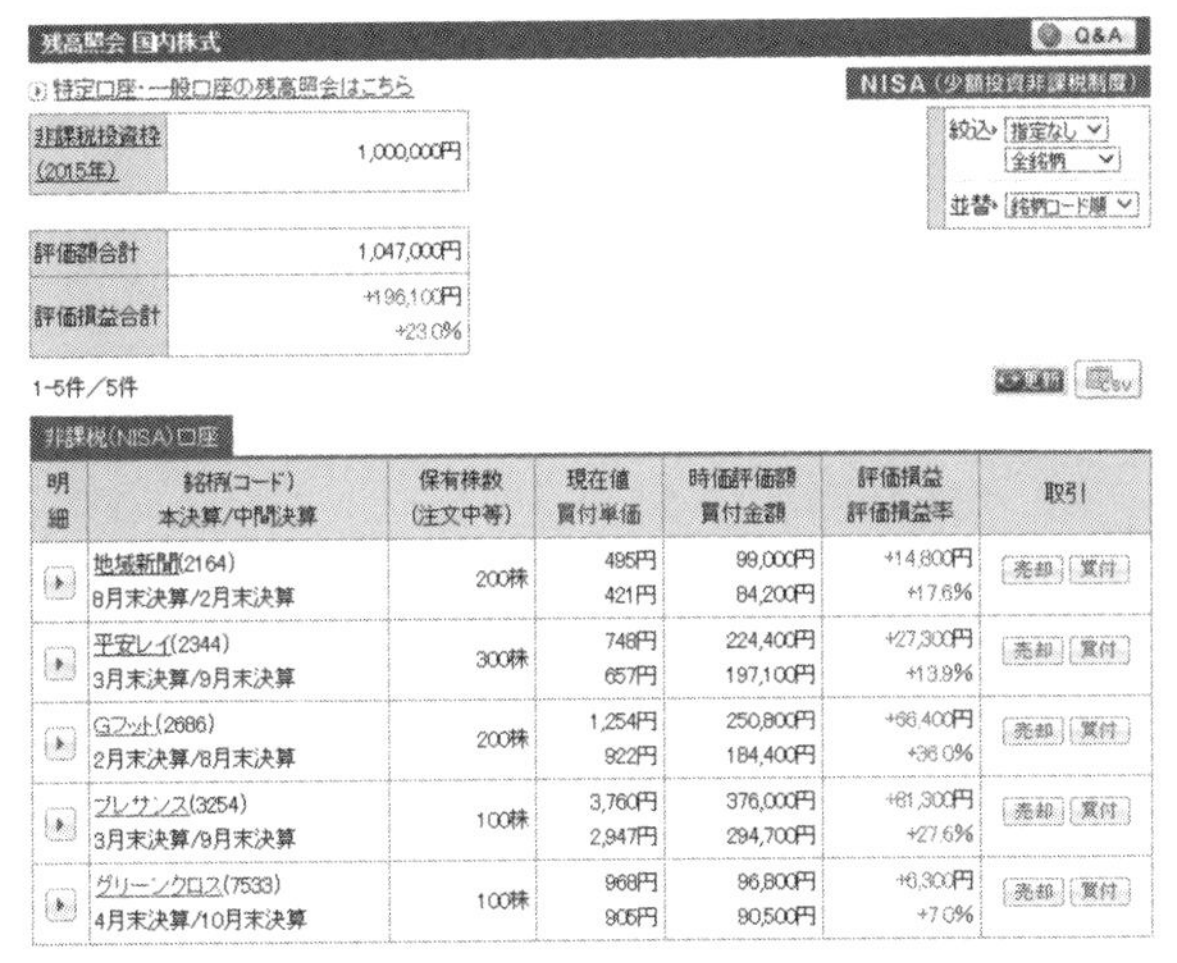

残高照会 国内株式　Q&A

特定口座・一般口座の残高照会はこちら

NISA（少額投資非課税制度）

絞込 指定なし / 全銘柄
並替 銘柄コード順

非課税投資枠(2015年)	1,000,000円
評価額合計	1,047,000円
評価損益合計	+196,100円 +23.0%

1-5件／5件　更新　CSV

非課税(NISA)口座

明細	銘柄(コード) 本決算/中間決算	保有株数 (注文中等)	現在値 買付単価	時価評価額 買付金額	評価損益 評価損益率	取引
▶	地域新聞(2164) 8月末決算/2月末決算	200株	495円 421円	99,000円 84,200円	+14,800円 +17.6%	売却 買付
▶	平安レイ(2344) 3月末決算/9月末決算	300株	748円 657円	224,400円 197,100円	+27,300円 +13.9%	売却 買付
▶	Gフット(2686) 2月末決算/8月末決算	200株	1,254円 922円	250,800円 184,400円	+66,400円 +36.0%	売却 買付
▶	プレサンス(3254) 3月末決算/9月末決算	100株	3,760円 2,947円	376,000円 294,700円	+81,300円 +27.6%	売却 買付
▶	グリーンクロス(7533) 4月末決算/10月末決算	100株	968円 905円	96,800円 90,500円	+6,300円 +7.0%	売却 買付

途中で売却した銘柄も含めると、初年度は＋40%程度の成績。節税効果は約５万円だった

「配当金」にかかる税金が非課税になるので、**節税効果は売却益で約5万円、配当金は2000円弱でした。**投資枠が限られているため、数万円程度の節税効果でしたが、それでもこれを継続していくことで、後々大きな節税効果を生み出していくことになります。

株価が下がったときに銘柄を仕込む

続いて2015年ですが、この年は100万円投資をして、年末の合計残高は約225万でした(前年と合算)。含み益は44万円となり、前年より少し伸びました。この年は、銘柄を一つも売却しませんでした。

さらに2016年は、この年から年間の投資枠が100万円から120万円に増えました。2月に日銀がマイナス金利を発表して、それをきっかけに銀行株が大きく売られ、日経平均株価も急落しました。

6月にはイギリスのEU離脱ショック問題で、日経平均株価は一時的に1万5000円を割れる展開に。当初は離脱しないと思われていたイギリスが、国民投票の結果、離脱することを決定しました。

事前の想定と違う結果だったため、マーケットが数か月にわたり影響を受けるなど、投資家にとっては厳しい年でした。

私は**株価が下がったタイミングを狙って、銘柄を仕込んだため、保有株の含み益が増えました。**

年末時点での評価額は359万円、そのうち含み益は約85万円でした。この年も売却はほとんどしませんでした。

続く2017年は年間を通して株価が上昇トレンドだったため、私のNISA口座の含み益もかなり増えました。前年から100万円以上プラスとなる198万円の含み益となりました。

最も利益が出たのが**エンビプロ・ホールディングス（5698）**です。じつはこの銘柄は2016年末時点で含み損の状況でした。しかし、1年後には実績トップに躍り出たのです。

同社の2016年度末の決算は純利益200万円と赤字すれすれだったため、株価

2017年には198万円の含み益に!

評価額合計	5,257,400円
評価損益合計	+1,984,400円 +60.6%

1-10件／14件

非課税(NISA)口座

明細	銘柄(コード) 本決算/中間決算	保有株数 (注文中等)	現在値 買付単価	時価評価額 買付金額	評価損益 評価損益率
▶	エンビプロH (5698) 6月末決算/12月末決算	800株	898円 321円	718,400円 256,800円	+461,600円 +179.8%
▶	IRJHD (6035) 3月末決算/9月末決算	300株	2,130円 700円	639,000円 210,000円	+429,000円 +204.3%
▶	プレサンス (3254) 3月末決算/9月末決算	400株	1,505円 737円	602,000円 294,800円	+307,200円 +104.2%
▶	グリーンクロス (7533) 4月末決算/10月末決算	200株	2,210円 998円	442,000円 199,600円	+242,400円 +121.4%
▶	エスリード (8877) 3月末決算/9月末決算	100株	2,525円 1,225円	252,500円 122,500円	+130,000円 +106.1%
▶	学究社 (9769) 3月末決算/9月末決算	300株	1,648円 1,238円	494,400円 371,400円	+123,000円 +33.1%
▶	平安レイ (2344) 3月末決算/9月末決算	300株	973円 657円	291,900円 197,100円	+94,800円 +48.1%
▶	シニアリビング／REIT (3460) 8月末決算/2月末決算	4口	162,000円 140,650円	648,000円 562,600円	+85,400円 +15.2%
▶	アサンテ (6073) 3月末決算/9月末決算	100株	1,901円 1,500円	190,100円 150,000円	+40,100円 +26.7%
▶	コンドーテック (7438) 3月末決算/9月末決算	100株	1,089円 770円	108,900円 77,000円	+31,900円 +41.4%

前年の株価低迷から打って変わって、2017年は株価が大きく上昇！　含み益も急増した

は低迷していました。しかし、翌17年末は前年比で20％以上の増益となったこと、増配や株式分割などの好材料が複数出たこともあり、株価は見直されていきました。

次に利益が出たのは、1章でも紹介した大化け株の**アイ・アールジャパンホールディング（6035）**です。

EU離脱問題のタイミングで、NISA口座でも買っていたのです。こちらは前年比で3倍くらい株価が伸びました。

そして3番手の**プレサンスコーポレーション（3254）**は、2014年に購入したものが3年かけて30万円程度の含み益まで成長しました。

非課税によって64万円得した！

好調だった2017年から一転、18年は大きく下がりました。年初は日経平均株価が2万3000円を超えていましたが、10月以降大きく株価が下落。10月の高値2万4000円超から、12月には1万9000円台まで下がりました。

とくに、最も下げがキツかったのが12月25日のクリスマスショックでした。前日比

NISAは予想以上に儲かった!

非課税投資枠(2020年)	21,400円

評価額合計	5,485,900円
評価損益合計	+755,500円 +16.0%

1-10件/11件　　1 | 2

NISA口座

明細	銘柄(コード) 本決算/中間決算	保有株数 (注文中等)	現在値 買付単価	時価評価額 買付金額	評価損益 評価損益率
▶	ファイバーGT(9450) 6月末決算/12月末決算	500株	2,602円 1,364円	1,301,000円 682,000円	+619,000円 +90.8%
▶	ケネディレジ/REIT(3278) --決算/--決算	4口	183,300円 140,650円	733,200円 562,600円	+170,600円 +30.3%
▶	HCM/REIT(3455) 7月末決算/1月末決算	4口	126,100円 100,500円	504,400円 402,000円	+102,400円 +25.5%
▶	タカラインフラF(9281) 5月末決算/11月末決算	10株	113,700円 109,000円	1,137,000円 1,090,000円	+47,000円 +4.3%
▶	平安レイ(2344) 3月末決算/9月末決算	300株	863円 832円	258,900円 249,600円	+9,300円 +3.7%
▶	すかいHD(3197) 12月末決算/6月末決算	100株	1,626円 1,650円	162,600円 165,000円	-2,400円 -1.5%
▶	アサンテ(6073) 3月末決算/9月末決算	100株	1,448円 1,500円	144,800円 150,000円	-5,200円 -3.5%
▶	グリーンクロス(7533) 4月末決算/10月末決算	200株	955円 981円	191,000円 196,200円	-5,200円 -2.7%
▶	アルトナー(2163) 1月末決算/7月末決算	100株	889円 1,100円	88,900円 110,000円	-21,100円 -19.2%
▶	プロレド(7034) 10月末決算/4月末決算	200株	3,565円 3,865円	713,000円 773,000円	-60,000円 -7.8%

2020年はコロナ急落の後の急上昇を獲得した、ファイバーゲートが活躍！

で１０１０円安となり、年末にかけて引き続き下げたことで、含み益も＋87万円まで減少しました。

厳しい年ではありましたけど、割安局面では株を仕込み続けました。

そして翌２０１９年は前年の含み益87万円から一気に３００万円へ急伸しました。その牽引役となったのが、またしてもアイ・アールジャパンホールディングスでした。同社の株は２０１６年に３００株保有していましたが、18年に１株を２株にする株式分割が行われ、６００株に増えていました。

また、業績も驚くほど伸びて、取得時点から3年で株価が10倍を超えました。ＮＩＳＡ口座で保有する16銘柄中、この１銘柄だけで総利益の6～7割を占めています。

アイ・アールジャパンホールディングスは、２０２０年の１月27日に株価５７１０円で６００株をすべて利益確定売りしました。

この売却で得た利益は３２１万円ですが、非課税ですので、丸々利益となりました。もし特定口座や一般口座で売却した場合は、**３２１万円に20％の税金がかかりますので、約64万円の税金が引かれる計算になります。**これを支払わずに済んだだけでも、NISAをやってよかったと思いました。

2020年に利益が伸びた銘柄は**ファイバーゲート(9450)**です。19年末時点ではプラス1万6400円でしたが、20年には60万円を超える含み益に！

1月27日から3月19日にかけて、コロナウイルス感染拡大にとともにマーケットは暴落しましたが、その急落過程で大きく叩き売られた同社の株を拾っていった効果が大きく出ました。

同社の株を1343円〜1370円で300株追加購入しましたが、それが年末には2602円まで上昇。19年に購入していた分も合わせて利益が大きく増えました。

7年で600万円の利益は悪くない

以上、少し長くなりましたが、2014年から始めたNISA口座の7年間の実績を紹介しました。

この7年間の売却益の合計は439万円でした。また同期間の配当金は82万円でした。つまり合計で521万円の利益を得ることができたわけです。節税効果は100万円以上となりました。

さらに、2020年末時点で含み益が約75万円あるため、**それを合わせた合計の利益は約600万円。自分でも驚くぐらいの利益が出ました。**

私はNISAを始めた当初は、配当利回りの高い株を中心に買っていました。NISA口座の5年という保有期間を考えると、株価上昇による売却益が出る可能性が不透明な成長株よりも、配当金の節税効果の方が確実で手堅いと考えていたためです。でも投資を進めていくうちに、配当金の節税額よりも、売却益の節税額の方がかなり大きいことを認識しました。

そのため、2018年頃からは高配当株ではなく成長株を中心に投資しました。

私は14年からNISA口座をスタートしたので、ロールオーバーを最大限活用しても23年までしか口座を維持できません。

それが残念で仕方ありませんが、7年やった成果としては十分満足しています。NISA口座は開設手続きが少々面倒ですが、それ以上の節税の恩恵がありますので、ぜひ皆さんにお勧めします。

ちなみに、NISA口座は3種類あります。まず一つ目は、私が利用していた非課税投資枠120万円の、個別株式に投資できるいわゆる**一般型NISA**です。

もう一つが未成年者(0～19歳)を対象に、年間80万円分の非課税投資枠が設定されている**ジュニアNISA**です。

そして最後に、**積み立てNISA**です。

積み立てNISAは、一般型NISAに比べて1年間に購入できる投資枠が40万円までと少ないものの、非課税期間は20年間と非常に長いのが特徴です。期間が長い分、複利効果を期待できます。

反面、**購入可能な金融商品が投資信託に限られており、個別株には投資できません。**

成人は、一般NISAか積み立てNISAのどちらかを選ぶ必要があるため、個別株投資に興味がない、リスクが怖いという人は積み立てNISAが向いていますが、ハイリターンを狙いたい人には不向きです。

積み立てNISAで購入できる投資信託は、分散投資や長期での安定運用をメインにしているため、資産を5倍、10倍にするのはなかなか難しいと思われます。

1株から手軽に投資できる魅力

さて、NISAの他にもお勧めしたいサービスがあります。

それがLINE証券です。同社は株に**1株から投資できる**のが魅力です。

LINEと言えば、メッセンジャーアプリで国内首位であり、巨大なプラットフォームを有する会社ですが、じつは証券会社もやっています。

LINEを利用している人なら、LINE証券の口座開設、取引もすべてアプリから行うことができます。

同社はLINE Financial株式会社と野村ホールディングスが共同設立した証券会社です。国内上場企業1000銘柄とETF15銘柄、投資信託を28銘柄取り扱っています。

LINE証券を使うメリットは、**少額から投資できることです。**通常の株式売買の場合、最低購入単位は100株ですから、株価が1000円以下の企業であっても、1単位購入するだけで数万円かかります。1株が数万円の企業は数百万円という資金が必要となるためなかなか手が出ません。

しかし、LINE証券は1株から購入できますので、**数百円あれば投資できます。**株式投資を始める際のハードルをものすごく下げている点が魅力です。

私も20歳代で株式投資をスタートさせましたが、当時の売買単位は1000株という会社もありました。

最初に購入したブリヂストン(5108)は、当時1000株単位だったため、1単位購入すると100万円以上のお金が必要でした。当然、そんなお金はありませんでしたので、単位株の10分の1、つまり100株単位で購入できるミニ株という制度を使いました。

おかげで株式投資を始めることができましたが、LINE証券のように1株から投資できるのであれば、より始めやすくなるでしょう。

加えて同社は口座開設がとにかく早いのが便利です。同社のホームページによると、

最短3分で口座開設が完了するそうです。本当にそんなにスピーディーにできるのかと思って、私もスマホで口座開設をしてみました。

口座開設の途中で、手続きに必要なマイナンバーカードを探したせいで、3分ではできませんでしたが、それでも10分以下という短時間で申込みが完了しました。

さらに、**夜9時まで注文および約定可能な点も魅力です。**通常の証券会社は平日朝9時から15時までであり、15時以降の注文については翌日の約定になります。金曜日の15時以降だと、翌週月曜日に注文は持ち越されます。

しかし、LINE証券は平日17時〜21時まで夜間取引が可能です。決算発表日の銘柄は購入できないなど制約はあるようですが、**15時以降に好材料が発表された会社をその日のうちに先回りして買えるというのは、ポイントが高いです。**

唯一の弱点は、売買できる銘柄数が1000社であるため、そのなかからしか選べないことです。

また、スプレッドと呼ばれる取引コストがかかる点も気になります。コストは日中は0・05％、夜間は0・5％かかります。

ルールを作ると悩まずに済む

ＮＩＳＡとＬＩＮＥ証券という仕組みを使って、少しでも有利に投資を進めようという話をしてきました。

私はそうした仕組みを利用することに加えて、**投資のルールを持つこと**をお勧めしています。

ルールを決めていないせいで、焦って売ってしまったとか、つられて買ってしまって損したなど、うまくいかないことが増えているように思います。

例えば、売るタイミングで悩む人は多いと思います。損切りもそうですし、利益確定するときも、そのタイミングがわからないという声をよく聞きます。

私の基本姿勢は、「**利益確定は、なるべく我慢する**」です。

そのため、日々の株価変動によって売買することはほとんどありません。あくまで売るのは業績次第です。こう決めておくと、日々の株価の変動で狼狽せずにすみます。精神的にとてもラクです。

そして利益成長が続いている間は、基本的に利益確定売りをしません。もちろん、途中で確定売りをすることもありますが、全株は売りません。保有株の一部を売りながら、残りは保有を続けます。

途中で利益確定売りをしてもいいのですが、持ち続けていたら株価が2倍3倍になったケースもたくさんあります。

「売らなければよかった」と後悔したくないので、有望株を一度掴んだら、なるべく持ち続けると決めています。

私が買った銘柄を売るのは、2年連続で利益が減少した場合です。 1年だけ減益だった場合は基本売りません。

もちろんその時点で2年先の見通しも暗い場合は売ることもありますが、もともと投資先の企業をしっかりリサーチした上で、信用して買っているため、1年ぐらいの減益で即、見放すことはありません。

ちなみに私は企業をリサーチする際は、「**会社四季報**」を使うと決めています。3か月ごとに最新号が発売されますので、これを毎回読み込んでいます。

注意して見ている項目は「**売上高**」と「**利益**」です。

利益は「純利益」を見ます。

純利益の伸びが昨年よりも高いほど、株価も上昇トレンドとなるためです。これは1章の「利益2倍株価2乗の法則」で説明した通りです。

四季報で気になった会社は、最新の決算短信などで業績、利益の伸びを確認して、内容がよければ投資候補としてリストアップします。

できればまだ誰も注目していない掘り出し物を見つけたいですが、簡単にはいきません。

すでに注目を集めていて、割高な銘柄に行きつくこともあります。その場合は無理に手を出さず、**下がるまで待つスタンスです。**

株価を見ない方がうまくいく

投資するときは、ゴールを決めることも大切だと考えています。

いつやめるか、を最初に決めておくのです。ゴールのことを「**ターゲットイヤー**」と言います。

ゴールの年を決めてその年に向けて運用します。いわゆるライフサイクルに合わせて投資するのです。

よくあるのが、退職する年をターゲットにするやり方です。退職が近づくにつれて、リスクの低い投資対象や安定運用に切り替えるのが一般的です。

これと同じようにゴール――つまり株式を現金に換えるタイミングを事前に設定しておけば、目先の株価に左右されず、投資や資産運用ができるはずです。

株価を見ない方が投資はうまくいきます。むしろ株価を見るから失敗すると言った方がいいかもしれません。

株価はつねに動いていますから、それを見ていると催眠術にかかったようにこちらも動きたくなります。

ですからまずは株価から離れて、一旦冷静になることです。

そして、この銘柄を**なぜ売買するのか、スマホのメッセージ機能やカレンダーなどに記入しておくのもいいでしょう。**

それを読み返すことで、あの日に買った株は衝動的な売買だったためうまくいかなかった、など客観的に認識することができます。

何もしないで月20万円の配当金が入る

株式投資を始めて20年以上になります。

ここまで続けることができたのは、他の投資に比べて株式投資はリスクが少ないからかもしれません。

信用取引をしなければ、元本がゼロになってしまうリスクはほぼありません。投資した会社が倒産しない限り、資金がゼロになることはありませんし、投資対象を分散させることで倒産リスクを下げることができます。

たとえマイナスになっても、元本は残っていますので次の投資で挽回することもできます。

また、小資本で始められることも株式投資の強みです。10万円以下から買える株式もたくさんありますし、前述したLINE証券などを使えば、数百円から投資することもできます。

株式投資には「売却益」と「配当金」という2つの収益源があるのもお得感があります。配当金は企業ごとに半年に1回、1年に1回と決められており、投資額が大きくなるほど、この利益の有難さを感じています。

私は**株価10倍を狙えるような小型の成長株投資が大好きですが、一方でポートフォリオに多く組み入れているのが、高配当株やJ-REITなどの配当利回りが高い銘柄です。**

私の2015年度の受取配当金は約75万円でしたが、20年度には327万円まで増えています。

税金を引かれた後でも、**毎月20万円以上のお金が入ってくる計算になります。リタイアしても、この収入があれば安心です。**

これは精神的に非常に心強いです。

このようにメリットがたくさんある株式投資を、私は専業ではなく、副業でやることを強くお勧めします。

専業でやるとなると、投資の成果が収入のすべてになってしまいますが、副業であれば給料という安定収入を得ながら投資をすることができます。

この方が精神的にもラクですし、無用のリスクを取る必要もなくなるからです。

おわりに

2020年、まったく予期しなかった新型コロナウイルスの感染拡大により、私は投資家としても、投資関係の事業を行う者としても岐路に立たされていました。

とくに私の本業である投資助言業は、株価急落により会員数が相当減ることを覚悟しました。もしかしたらゼロになるかもしれない、とまで思いました。

順調に伸びていたYouTube活動も、参入障壁が低いため、新しい発信者がどんどん増えるだろうと感じていました。私なんてすぐに落ち目になるだろうと不安に怯えていました。

さらに2019年までは時々、投資セミナーに呼ばれて講演活動も行っていましたが、20年以降はめっきり開催数が減りました。

コロナにより世の中が大きく変化していく中、私はこれまでの仕事や生き方を変える必要に迫られました。

娘が成長するのと同じように、私も成長しなければならないと決意を新たにした年でもありました。

そんなときに出版の声をかけてくれたのが、クロスメディア・パブリッシングの坂口さんでした。坂口さんは２００９年に私が初めて雑誌に掲載されたときの編集者です。当時は東京・新宿にある出版社で取材を受けたのですが、今回の書籍の打ち合わせは時節柄もあり、ＺＯＯＭで行いました。

じつは以前にも、他の出版社から出版オファーはいくつかいただいていたのですが、コロナでいろいろダメージを受けた私にそれを受ける余裕はなく、また面識のない人と仕事をする気力もなく、それよりも本業に集中したかったため、すべて断っていました。ですが、私のことをよく知る坂口さんであれば、ということで快諾しました。

書くと決めたからには、コロナの先に眠る大化け株の紹介や自分の得意分野でもある小型成長株のつかみ方、必勝ルールを伝えたいという思いから、このような本の内容になりました。皆さんのこれからの投資活動に、少しでもお役に立ちましたら幸いです。

結局、コロナ以降、セミナーの回数は大きく減りましたが、その他の仕事はなんとか持ちこたえることができました。YouTubeチャンネルの登録者数もおかげさまで増え続け、10万人を超えました。

大きなダメージを受けることを覚悟していたので、この結果はとても意外でしたが、あきらめかけたときこそ心折れずに立ち向かえば、何かしらの結果につながると強く感じています。

このことは、株式市場も同じかもしれません。

2020年はコロナで3月に株価が急落しましたが、そこから株価は大きく持ち直し、日経平均株価は一時3万円の大台を突破しました。コロナ暴落のときに、いったい誰がこのような反転上昇を予想できたでしょうか?

振り返ってみれば、株式投資は多くの人があきらめた先に、つねに奇跡が起きました。絶望の先に希望が訪れ、人々が浮かれているとまた落ちる、をくり返してきたのです。

このサイクルの中に身を投じて戦い、勝ち残るためには、あきらめずにやり続ける他ないのかもしれません。

ぜひ、皆さんは次に来るチャンスをがっちりつかんでください。心から応援しています。

本書を最後まで読んでいただき、本当にありがとうございました。

２０２１年７月

坂本彰

【投資有価、証券等に係るリスクおよび手数料について】

1　株式

①株価変動リスク

株価の変動により、投資元本を割り込むことがあります。

また、株式発行者の経営・財務状況の変化及びそれらに関する外部評価の変化等により、投資元本を割り込んだり、その全額を失うことがあります。

②株式発行者の信用リスク

市場環境の変化、株式発行者の経営・財務状況の変化及びそれらに関する外部評価の変化等により売買に支障を来たし、換金できないリスクがあります（流動性リスク）。この結果、投資元本を割り込むことがあります。

2　信用取引等

信用取引や有価証券関連デリバティブ取引においては、委託した証拠金を担保として、証拠金を上回る多額の取引を行うことがありますので、上記の要因により生じた損失の額が証拠金の額を上回る（元本超過損が生じる）ことがあります。

信用取引の対象となっている株式等の発行者又は保証会社等の経営・財務状況の変化及びそれらに関する外部評価の変化等により、信用取引の対象となっている株式等の価格が変動し、委託証拠金を割り込むこと、又、損失の額が委託証拠金の額を上回ることがあります。

3　その他

株取引には取引業者（証券会社）の売買手数料がかかります。

本書は著者個人の見解、分析であり、それらの情報は読者に利益を保証するものではありません。本書で示した見解や取り上げた金融商品によって読者に損害が生じても、著者および発行元はいかなる責任も負いません。投資・運用の判断はご自身の責任でおこなってください。

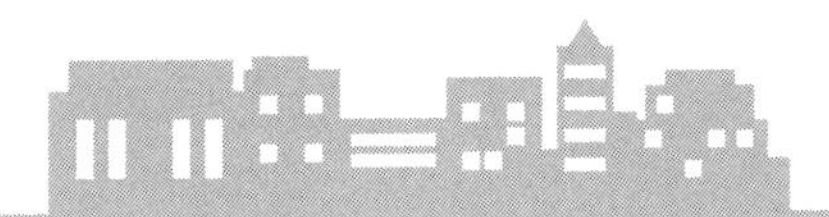

【著者略歴】

坂本彰（さかもと・あきら）

株式会社リーブル代表取締役。サラリーマン時代に元手10万円から株式投資を始める。2009年130万円だった株式資産は2017年に1億円を突破！株で勝つための再現性の高い独自ルールを作り上げる。

2012年より投資顧問業（助言）を取得。現在、著者自身が実践してきた株で成功するための投資ノウハウや有望株情報を会員向けに提供するかたわら、ブログやコラム等の執筆活動も行う。前職はラーメン屋という異色の経歴。メールマガジン「日本株投資家坂本彰　公式メールマガジン」は2014年まぐまぐマネー大賞を受賞。読者6万人。

YouTubeチャンネル『日本株チャンネル（坂本彰）』(http://toushi01.com/youtube.html) の登録者は約10万人。

著書に『10万円から始める高配当株投資術』（あさ出版）、『「小売お宝株」だけで1億円儲ける法』（日本実業出版社）などがある。


一生働いても貯められない1億円をすごい小型株に投資してつくる本

2021年 9月11日 初版発行
2021年 9月22日 第2刷発行

発行 **株式会社クロスメディア・パブリッシング**

発行者 小早川 幸一郎
〒151-0051 東京都渋谷区千駄ヶ谷4-20-3 東栄神宮外苑ビル
https ://www.cm-publishing.co.jp
■本の内容に関するお問い合わせ先 …………………… TEL (03)5413-3140 ／ FAX (03)5413-3141

発売 **株式会社インプレス**

〒101-0051 東京都千代田区神田神保町一丁目105番地
■乱丁本・落丁本などのお問い合わせ先 ……………… TEL (03)6837-5016 ／ FAX (03)6837-5023
service@impress.co.jp
（受付時間 10:00～12:00、13:00～17:00 土日・祝日を除く）
※古書店で購入されたものについてはお取り替えできません

■書店／販売店のご注文窓口
株式会社インプレス 受注センター …………………… TEL (048)449-8040 ／ FAX (048)449-8041
株式会社インプレス 出版営業部 …………………………………………… TEL (03)6837-4635

カバー・本文デザイン・DTP 鳥越浩太郎
印刷・製本 中央精版印刷株式会社

ISBN 978-4-295-40586-3 C2033